可可·香奈儿

我没时间讨厌你

艾略 著

Coco Chanel

北京联合出版公司
Beijing United Publishing Co.,Ltd.

只 为 优 质 阅 读

好
读

Goodreads

时尚易逝,风格永存。

她用黑与白改变了女人,也改变了世界

——她是可可·香奈儿。

目 录 Contents

序言　*i*

第一章　贫民区女孩

3　　生而孤独

10　　被高墙幽禁的青春时光

19　　谁说牧羊女的后代不能成为贵族？

29　　歌女可可：骨子里有风的女人

第二章　挣脱命运之绳

45　　霍亚里越的似水年华

57　　她其实是一只猛兽

67　　"天造地设的一对璧人"

80　　选择骄傲，就要付出受苦的代价

第三章　自由是最好的时尚

- 93　时尚是内心的态度
- 101　征服多维尔,做自己的主人
- 112　可可成了一个"大人物"
- 123　双C标识:Coco and Capel

第四章　唯有强大,才能活出自我

- 139　小黑裙,一场爱的悼念
- 150　香奈儿的波兰女友
- 159　灵感意大利
- 168　"香奈儿5号"诞生记

第五章　"独裁者"的罗曼史

- 179　可可与伊戈尔
- 187　德米特里大公与斯拉夫魅力
- 198　圣奥诺雷时代
- 207　富可敌国的恋人
- 217　公爵夫人有很多,但可可·香奈儿只有一个
- 227　那段岁月里的激荡

第六章　王者归来

239　夜幕降临，对手出击

249　与"麻雀"有关的暗战

261　奥弗涅唯一未灭的活火山

269　东山再起：我没有时间讨厌你

282　传奇常驻世人心中

附录：可可·香奈儿的时尚之路　*294*

序言

近百年来，因为伟大的事业、丰富的罗曼史、特立独行的态度、崇尚自由的精神，香奈儿女士的故事一直被人们津津乐道。

包括她令人眼花缭乱的身份——时尚设计师、香奈儿帝国的开创者、20世纪影响最大的100人之一，还有出身贫民窟的私生女、英国首富的情人、包养俄国王子的女人、独立女神、优雅的代名词、间谍、金句女王、成功人士的典范、欧洲最有灵气的女性、慷慨的艺术赞助人、强悍的独裁者、时代的叛逆者……她的身上似乎被猎奇者与崇拜者贴满了标签，但事实上，她生前一直拒绝被定义。一如她反复自构记忆，重建往昔，让自己身处迷雾，从而抵达自由之上。

"自由，我会不惜一切代价买下它。"

如此，香奈儿女士的人生，本质上便成了一场与自由有关的突围。

童年寄人篱下，漂泊无依，饱尝生活的苦难与艰辛。彼时香奈儿就已明白，通往自由之门的钥匙，非金钱莫属。

奥巴辛修道院的高墙下有她幽闭的青春，却也让她发现了自己的禀赋，塑造了她审美的雏形，并令其女性意识慢慢觉醒。

离开修道院，从教会学校毕业后，她白天是默默无闻的缝纫女工，夜间则化身歌女可可，艳惊四座，由此进入霍亚里越城堡，接触到贵族阶层。

她在霍亚里越的岁月，如同漫长的蛰伏。为了纵马驰骋，香奈儿成为法国第一个穿裤子的女人；为了经济独立，她开始设计帽子，才华与独立人格初露头角。

"想要无可取代，就要与众不同。"

对于香奈儿来说，作品、爱情、人生皆如是。

遇到情人卡柏后，她来到巴黎，获得进入时尚界的门票。她发起一场又一场的时尚革命，将女人从束身衣的桎梏中解救出来，用超越时代的眼光，雷厉风行的执行力，开启乘风破浪的人生。

在那个女人尚是男性附属的时代，男人将她当成金丝雀，却不知她是天生的狮子，是强悍的野心家，骨子里风声猎猎，只为做自己永远的主人。

她用作品诠释自由，认为自由是最好的时尚。时尚易逝，风格永存。她就像"香奈儿5号"一样迷人，她创造的小黑裙风靡至今。是她告诉所有女人，香水应该喷在所有你想被亲吻的部位，而世间比小黑裙更重要的一件衣服，叫"自我"。

就是这样的香奈儿，一位活出自我、洒脱不羁、感性而强大的时尚女王，从一无所有，到拥有自由、金钱、爱情、美貌、地位、名声等世间女人渴慕的一切，在看似"开挂"般的人生背后也并非一帆风顺。

她到底也不是一尊完美的神像。

因为出身寒微，她无法与最爱的人走进婚姻。她一生情人无数，却永失挚爱，必须以疯狂的工作来抵御孤独。

她曾从巅峰跌落谷底，被迫远走他乡，度过人生中的至暗时刻，品牌近乎寂灭。

她身上有无法复制的辉煌，甚至所有通往成功的必备品质都能在她身上找到：内核稳定、极度自律、狼性、野心、永不服输、自我觉醒……但比辉煌更可贵的，是她一路逆流而上、披荆斩棘，70岁高龄依旧拥有东山再起的果敢与毅力。她说："没有人可以打败我，除了我自己。"

她身上也有无可讳饰的污点。二战时，她为何卷入与纳粹的交往，身陷间谍的疑云？

她是"女人都绕不过去的可可·香奈儿"，一生创作不息。她的人生，正是她最传奇的作品。

"生活不曾取悦于我，所以我创造了自己的生活。"

近百年来，女性抵达真正的独立与自由，道阻且长，每进一步，都有特别的意义。

翻开本书，你可以看到一部独立女性的心灵觉醒史；一个底层女性改写命运，获得爱和自由，登上名利巅峰的奋斗史。你也可以看到，在"女神"的金身剥落之后，一个真实而立体、有血有肉的女人，在时代的浪潮中，内心涌动过的暗流与波光。

愿你从中获得启示，获得自我认知、自我改变，从而获得活出自我、抵达自由的力量。

愿可可·香奈儿的人生，成为照亮你人生之路的明灯。

第一章

贫民区女孩

"孤儿……一个让我浑身冰冷的词。"

——可可·香奈儿

童年的寄人篱下，漂泊无依，让香奈儿过早饱尝了生活的苦难与艰辛。那个时候的她，已然看清命运。想要摆脱贫穷，步入另一个阶层，就注定要承受伤筋动骨，生生剥掉一层皮的痛苦。

但她不怕。她渴望自由，只有自由才能带给她尊严。

而自由，无论要付出怎样的代价，她都要换取它。

生而孤独

在这个世界上，金钱或许不是万能的，但金钱一定可以成为万能的钥匙。而自由，无论要付出怎样的代价，她都要换取它。

  列夫·托尔斯泰有句名言："幸福的家庭都是相似的，不幸的家庭各有各的不幸。"

  无疑，香奈儿所降生的家庭属于后者。

  对香奈儿而言，不幸的原生家庭更像是一座大山，在她出生之前，其家族中的几辈人都无法逃离，无法逾越。

  "我的一生是无限延伸的童年……我想没有谁的童年比我的童年更残酷。很小的时候，我便知道，生活是一件沉重的事情。"

  晚年的香奈儿，名满天下，富可敌国，但回顾自己童年的苦难与不幸，真正令她为之唏嘘的，并非她一手构建了伟大的时尚帝国，而是她挣脱了原生家庭的枷锁，让自己的命运走向了自由之境。

1883年8月19日，法国的卢瓦尔河谷，索米尔小镇阳光热烈，空气中弥漫着葡萄酒的浓香。那里以马术闻名，来往驻扎着不少骑兵的部队。那一天，街道上人来人往，不时有戴着平顶帽的骑兵打马而过，他们的金纽扣在太阳光下熠熠生辉。穿着优雅的女士们坐在马车上，身上的香气在街角经久不散，令人沉醉。

日光之下，没有谁会注意到"综合救济院"里那阵微弱的婴儿的啼哭声。当地人都心知肚明，那是座平时用来救助麻风病人的医院，现在只有贫民区的妇人才会选择去那里生孩子——贫民的孩子，与流浪在大街上的一只猫、一条狗没有区别。

日后闻名于世的可可·香奈儿就这样默默无闻地出生了。

不过，在那个时候，她的名字还是"加布里埃·香奈儿"。并且，由于医护人员的疏忽，小婴儿的出生证明上，连姓氏都出了差错，从香奈儿（Chanel）变成了夏奈尔（Chansel）。

8月20日，市政厅给新生的小女婴登记了信息：

父亲：阿尔贝·夏奈尔（香奈儿），商贩

母亲：欧也妮·让娜·德沃尔，店员

香奈儿是流动商贩的女儿，更确切地说，她当时的身份是一名私生女。因为在她呱呱坠地时，她的父母还没有办理结婚登记手续。

香奈儿的父亲阿尔贝来自赛文山区一个落后的小村庄，他从父辈那里学到了走街串巷和浪迹天涯的谋生之技，而如何博取女人的欢心，巧舌如簧的同时又不担负责任，则是无师自通。

在香奈儿母亲让娜的眼里，阿尔贝是一个十足的浪荡子，可惜她认清真相为时已晚，早就没有了退路。

让娜是奥弗涅人，父母早逝，从小与开木匠铺的哥哥一同生活。遇见阿尔贝时，她是一名裁缝店的女工，只有十六岁。最初，阿尔贝也只是让娜家中的租客，但很快，他便成了她的男朋友。二十五岁的阿尔贝长相英俊，加上花言巧语，已足够让一个未谙世事的姑娘神魂颠倒、投怀送抱。让娜怀孕之后，阿尔贝便迅速消失了。从此之后，让娜一意孤行的寻夫之旅便正式拉开了序幕，同时，也注定了她的人生将以悲剧收场。

香奈儿的姐姐茱莉亚就是她们的母亲在寻找丈夫的过程中出生的。香奈儿比茱莉亚仅仅小一岁。

香奈儿出生时，阿尔贝依然居无定所，四处流浪。不久后，他穷困潦倒，终于愿意与让娜结婚——据当地人猜测，极有可能是因为让娜的嫁妆有5000法郎。但婚后的阿尔贝性情并未有任何改变，更是堂而皇之地以消费夫妻共同财产的名义，将让娜的嫁妆挥霍一空。

而就在生下两个女儿后，让娜又生了三个男孩——阿方斯、吕西安和奥古斯丁，以及一个女孩安托瓦尼特。其中最小的男孩奥古斯丁出生后不久便夭折了。于是，为了维持生计，让五个孩子活下去，让娜只能去当店员，当用人，没日没夜地工作，一度贫病交迫。但她一直没有放弃追随自己的丈夫，一直带着孩子们不停地搬家，在各个集市周围讨生活，或租住于贫民区，或寄人篱下，受尽世间的冷眼。

在香奈儿的童年记忆里,她和兄弟姐妹们从未吃过一餐饱饭,似乎永远都是饥饿的——母亲从外面带回来的,从来都是石头一样硬的面包。待懂得穿针引线,香奈儿就开始和姐姐一起给家人缝补衣物。一家人的衣服也永远都是破旧的。他们没有钱买粮食,没有钱交学费,经常会遭到人们的嘲笑和讥讽。茱莉亚软弱怕事,相貌和性情都完全遗传了她的母亲。香奈儿却不一样,为了维护她最爱的小妹,她可以与高她一半的房东理论。必要的时候,她还会握紧拳头,眉毛高高挑起,像一头发怒的狮子,又像一个不可侵犯的女王。

实际上,相比贫穷与苦难,孤独与骄傲更像是香奈儿与生俱来的宿命。

大约十来岁的年纪,香奈儿就体会到世间没有人能与她感同身受。

她曾在采蘑菇时发现了一座古老的乡间小公墓,那里野草丛生,荒无人烟,几处无名荒冢散落其间。但在她眼里,那里却是一片足以容纳心事的秘密花园。而她,正是那片隐秘空间的"统治者"。

她最喜欢做的事情就是一个人偷偷溜出来,坐在公墓里的花岗岩石板上,布置她的"休息室""会客厅"还有"秘密居所",在每一个"房间"里放上盛开的花朵,然后用虞美人摆出窗子,用矢车菊在窗子上装饰出美丽的心形图案,再用小雏菊勾勒花纹。当一切准备就绪,她就会化身"优雅的女主人",与她邀请的"客人们"推杯换盏。那些"客人"则是她自己最心爱的玩具——几个用衣服的边角料制作而成的布娃娃。

她把那些在公墓下长眠的人当成一群沉默的伙伴，经常对着他们倾诉心事，仿佛生活中所有的悲伤与痛苦，都能在那个特殊的地方得到释放与慰藉。

那个时候，让娜带着孩子们已经搬到了奥弗涅。她患上了肺结核，病情越来越严重，身体也越来越虚弱，总是不停地咯血。阿尔贝长年在外，根本无法指望。让娜几乎赚不到钱，孩子们都在依靠舅舅和姨妈们的救济过活。日子越发艰难，就像手中难以下咽的面包，噎得喉咙生疼。

香奈儿记得，1895年冬天，天气非常寒冷，大雪落了一天又一天，仿佛要把世界上的每一颗温热的心都变得坚硬。

终究，让娜没能熬过那个冬天，没能等到春暖花开。

几天后，让娜的娘家人为她举行了简单的葬礼，从此，她便长眠于她的生养之地，那里有红色的月亮，照耀着延绵的死火山。

"可怜的让娜""可怜的孩子们"……葬礼上，不断有人感叹着一个女人被婚姻拖进泥潭，不断被人嫌弃的悲苦一生，感叹着孩子们即将到来的不可逆转的命运。

香奈儿的姊妹们不停地哭泣，她们完全不知道应该怎么面对接下来的生活。香奈儿同样也不知道，但"可怜"这个词，却像一记又一记的耳光，让她感到一阵阵的疼痛与耻辱。

母亲的葬礼过后，香奈儿就和姊妹们一起住在一个姨妈家里等待父亲的归来。那段时间，她变得更加沉默，经常好些天都不说话，她不愿意向任何人吐露心声。她是早慧的，但早慧的孩子，身处那样的环境中通常只会更加孤独。

　　有时候，她犯了错，姨妈就用荨麻鞭子狠狠抽她的小腿。她便咬着牙，一声不吭，高高地昂起头，努力维护着自己的尊严。

　　有时候，她宁愿把面包拿到厕所里去吃，也不愿意面对其他人，因为那里能让她感到自由。

　　她渴望自由，只有自由才能带给她尊严。

　　而厕所，没有姨妈无休无止的抱怨——香奈儿知道，那些抱怨，不过是姨妈想让她认命的"语言的荨麻鞭子"：

　　"我们应该把加布里埃卖给吉卜赛人。"

　　"这些孩子们，活得就像街头的卖艺小丑似的。"

　　"加布里埃，你野性难驯，简直就是一头倔驴。"

　　…………

　　香奈儿想起她的母亲也曾经告诉她："认命吧，孩子。虽然每个人都是上帝的孩子，但总有一些人，生来就没有翅膀。"

　　"如果生来没有翅膀，那就自己长出一双来。"香奈儿眼神坚定地说。

　　因为，如果不长出自己的翅膀，那么她必将与父母一样，匍匐在生活底层的尘土中，没有尊严，没有自由，没有爱，没有钱，忍受着屈辱，苟且活命，然后在成年后把自身的命运传递给下一代……终其一生，形同蝼蚁。

　　那个时候的她，已然看清命运。

　　想要摆脱贫穷，步入另一个阶层，就注定要承受伤筋动骨，生生剥掉一层皮的痛苦。

　　那样的痛苦，又是一条何其漫长、何其坎坷的路。

　　但她不怕。她不怕苦，不怕痛，不怕孤独，不怕跋山涉水，不怕艰难险阻。

　　因为在童年时代，她早已经明白，在这个世界上，金钱或许不是万能的，但金钱一定可以成为万能的钥匙。

　　而自由，无论要付出怎样的代价，她都要换取它。

被高墙幽禁的青春时光

如果命运是一条河流,想要不被遗弃,不被看不起,就必须拥有自己的船和桨。抵达自由,唯有自度。

1895年的冬天,香奈儿终于再次见到了父亲。

她已经不记得上一次是什么时候躺在父亲的怀抱里了。一年前,还是两年前,抑或是更久?但她知道,自己那样想的时候,记忆就会开始出现朦胧的柔光,像是自我创造的幻境。

她记得小时候,父亲从马车上走下来,将脏兮兮的她抱在怀里,用手指梳理她乱糟糟的头发,亲昵地叫她:"可可,小可可,我的小卷心菜。"

尽管与父亲相处的日子屈指可数,但香奈儿一直自认为是父亲最爱的女儿。有一次,她害怕有不洁之物藏在床底下,父亲用温柔的声音告诉她,不要害怕。父亲还告诉她,金色的麦穗是最美好的东西,可以带来财富和成功,可以驱赶世间的苦难和邪恶——后来,香奈儿长大后，麦穗便成了她的心爱之物和精神的图腾，因为它连接着与父亲相关的记忆。

香奈儿童年时做过一个梦：温暖的火炉边，母亲在给孩子们讲故事，故事里的父亲要出远门做生意，便问三个女儿想要什么礼物。一个女儿说要一条漂亮的裙子，另一个女儿说要珍珠和钻石，还有一个女儿说要第一根碰到父亲帽子的树枝……

因此，当她再次见到父亲时，父亲已经在她的记忆柔光中担任了救世主的角色。

因为寄人篱下，她无时无刻不渴望父亲可以将她带走，带她脱离眼前的屈辱的生活。因为她渴望爱，渴望自由，渴望家庭的温暖，渴望生命中出现奇迹。

然而，阿尔贝的出现，似乎只是为了安置他与让娜婚姻的"产物"——那些个大大小小的孩子。从此之后，他就彻底自由了。

阿尔贝曾经告诉孩子们，他会去遥远的美国淘金，赚很多钱回来。但遗憾的是，当他出现在刚刚失去母亲的孩子们的身边时，依然灰头土脸，满身疲惫。他没有为女儿们带来漂亮的裙子，既买不起珍珠钻石，也无心折一根树枝，除了一辆拉货的驴车，身无长物。

很快，阿尔贝就把三个女儿送进了奥巴辛的修道院。

修道院与附属的孤儿院都位于科雷兹省的一座高原上，四面群山环绕，森林延绵，一道高大的石墙又将其与世隔绝。修道院里住着天主教的修女们，她们会收养失去父母的孤儿，并且教给孤儿们谋生的本领，但救助对象仅限于女孩。

于是，香奈儿的两个兄弟就被他们的父亲送到了一个农场主的家里，去当免费的童工。在当时的法国，很多被遗弃的孩子都被迫去当了童工，为了换一口饭吃，他们必须和牲畜住在一起，每天不停地干活，同时，经常被农场主用皮鞭虐待。

香奈儿不知道自己的兄弟们能不能成功活下来。那个时候，她或许还没有心思思考家人的命运。命运是一个宏大的主题，而站在奥巴辛门口的她，望着天上不断飞过的鸟群，只觉得两手空空，好像什么都抓不到。

当修道院沉重的木门缓缓关闭时，那也是香奈儿和她的姐妹们最后一次看见父亲的背影，就像"卸下"了三个包袱，阿尔贝转身驾着驴车离去，摇摇晃晃地消失在山道上。

后来在奥巴辛，香奈儿很讨厌别人称她为孤儿——毕竟她的父亲还在人世，但她无法否认，当她的父亲转身离去后，她和姐妹就成了弃女。

被父亲抛弃的痛苦，已经占据了香奈儿的身心。

她知道，那样的痛苦对于自己来说，如死亡一般。就像多年后，她告诉她的朋友："那时的我已经死去了。虽然我才十二岁，但我已经知道，人一生中会因为很多事，而死去很多次。"

接下来，香奈儿将继续留在奥巴辛，度过她成年前的六年时光。

是的，她的整个青春，就在一片被幽禁在高墙里的世界里度过。

清晨，所有的孤儿都会穿上朴素干净的制服，排着整齐的队伍，穿过漫长又冰冷的石阶去修道院的教堂里参加弥撒。

白天，她们需要上缝纫课或是文化课。

负责缝纫课的修女很喜欢香奈儿，她是个慈祥的老嬷嬷，手指上布满了老茧和针眼。她教会了香奈儿各种缝纫和刺绣的基础手艺，有时还会称呼香奈儿为"心事沉沉的女孩"。当然，更多的时候，她会当着所有人的面表扬香奈儿的织物针脚细腻，为人勤奋好学，还拥有缝纫的天赋。

香奈儿也没有让嬷嬷失望，她头脑聪颖，手指灵巧，又因为曾经帮助母亲做过许多的针线活，所以学得比其他人都要快。不出两年的时间，她就无师自通地在手帕上绣出一些美丽的图案，如修道院后山的山茶花。纯洁又娇艳的白色山茶花，傲立枝头，是少女时代的她对美好事物的全部想象。

文化课上，香奈儿是个并不起眼的中等生。负责课程的嬷嬷倒是经常夸赞茱莉亚娟秀的字迹。

但很明显，修道院的文化课培养了香奈儿对文学的兴趣。她喜欢阅读，喜欢探究书本里构筑的世界。她也会编造各种各样的理由去修道院里的图书馆借阅。因为院长嬷嬷希望大家多读赞美诗，至于其他类的图书，院长则认为里面隐藏着太多的诱惑，对女孩们并无益处，于是，香奈儿便将闲书偷偷藏在裙子里，一路小跑着，穿过铺满鹅卵石的走廊向卧室跑去。很多次，她都被走廊上的图案所吸引，五芒星、月亮、银河以及神秘的宗教符号，仿佛一路踏着那条铺满星体的走廊，就可以行至另一个世界。

香奈儿知道，阅读，只是她在高墙之下，为自己创造精神自由的一种方式。

虽然她书面表达能力不太好——那是她深藏不露的软肋，除了至亲好友，她从不轻易示人，但她天生却拥有别出机杼的想象力和语言表达能力，图书作者的妙笔无疑对她的这些能力有着锦上添花的作用。而多年后，这些能力，又将不断帮助她找到构筑时尚帝国的基石。在那个时候，她就经常语出惊人。她告诉茱莉亚，她觉得一些修女嬷嬷的脸冷若冰霜，她们喉咙里发出的声音就像不断拍打的乌鸦翅膀。

每个星期天的下午，孤儿院的女孩们可以到后山上透透风。

届时，通往后山和村庄的那道木门会缓缓打开，女孩们依然是排着队，走出木门，去山上或者不远处的村庄里，享受稍纵即逝的自由时光。但一般情况下，女孩们都会选择静静地漫步。后山的山顶上，一座巨大的十字架屹立在那里，上面钉着的正是为救赎世人而选择受难的耶稣。而黄昏之前，她们必须回到孤儿院里。否则，那道木门就会关闭，没回去的当事人也将受到严厉的惩戒。

但一下午的时间，对于香奈儿来说实在是太短暂了。如果是夏季，每次她都会脱掉长长的袜子，在林间走来走去。有一次，她还把双脚放进了河水里。不过,胆小的茱莉亚制止了妹妹的"放纵行为",她指了指山顶上的十字架,然后赶紧靠在一棵松树旁闭目忏悔。

香奈儿却觉得无所谓。她告诉茱莉亚,光着脚丫让她感觉到自由。她甚至想起姨妈的那句咒骂,说要把她卖给吉卜赛人。在很多人的眼中,吉卜赛人是粗野的代名词。但她却站在奥巴辛的森林里,风在耳边拂过,幻想着自己被一个吉卜赛人带走,然后,他们一起骑着马,像风一样消失在森林深处。

黄昏来临,修道院的钟声准时响起,久久在群山之间回荡,教堂的晚祷开始了。

那是日复一日的虔诚感恩上帝的仪式。

夜幕降临时,大家必须马上回到孤儿院,准备休息。她们休息的地方,四面都是洁白的墙壁,简易的小床上铺着亚麻布的床单,空气里浮动着碱性肥皂的气息,一切都是那样简朴而洁净。

院长嬷嬷告诉大家,只要心意足够诚恳,就能与上帝对话。如果有心事,也可以选择在睡前说给上帝听。所有卧室的墙上,都挂着十字架。

对此,茱莉亚深信不疑。香奈儿看到,每天睡前茱莉亚都要再次合上双眼,用心地祈祷一番。

同样,香奈儿发现,无论自己怎样努力,都无法在祷告中获得一丝一毫来自上帝的信息。

在无数个夜晚,她闭上眼睛,听到的,都只有窗外夜莺的歌唱。当她趴在窗户边,透过厚厚的暮霭向远方望去,一望无际的森林就会映入她的视线。如果侧耳聆听,也只能感受到小河哗啦啦的流动,那澄澈的水流,将一直流向高原下的科雷兹河,一直流向未知的远处。

她没有听到上帝的声音,便永远没办法像茱莉亚一样,可以带着满足的微笑进入梦乡。

她也曾告诉茱莉亚,其实她只是想问一问,她的父亲还会不会到来,如果命运是一条大河的话,自己的命运又会流向哪里。

在修道院,茱莉亚还是一如既往地胆小和懦弱。就像她被妹妹形容修女嬷嬷声音的那句话逗笑之后,会惊慌失措地马上放下手头的工作,跪在十字架前忏悔;她也会在别人欺负她的时候,选择跟上帝祷告,祈求让对方变得善良,不要受邪灵的侵袭。

因此,茱莉亚同样永远无法理解香奈儿——在修道院,不必挨饿,不必受冻,还可以获得修女嬷嬷的表扬和同伴艳羡的目光,为什么香奈儿还会觉得那么不快乐。她也无法理解,为什么香奈儿宁愿相信她自己,也不愿意信仰上帝。

茱莉亚自然也不知道,当香奈儿有一天功成名就,会有意地避免提到那段在修道院度过的岁月。她告诉来采访自己的传记作家,她的青春年华,是在姨妈家里度过的,跟奥巴辛修道院毫无关系。

她再次发挥了自己非凡的想象力和创新的能力,并且可以虚构每一处细节。比如，香奈儿说在母亲去世后，她的姐姐和妹妹被父亲送到了修道院，而她一直留在姨妈家里。有次，她从姨妈家偷偷跑出来，跑到一片森林里，去和一个长满红色头发的农家小伙儿约会。她说自己有一个表哥，曾送给自己一块香皂，香皂散发出浓郁的玫瑰香气，让她心醉神迷，不禁献出了自己的初吻。她说她的父亲在去美国之前送给她一条白色的裙子，那条裙子非常漂亮，非常高贵，还配有一顶玫瑰花冠……如此说得多了，连她自己都相信了。

事实上，她后来创造的许多作品都带着奥巴辛的痕迹，她随身携带的手袋里，也一直保留着奥巴辛的修女嬷嬷送给她的画片。

据住在奥巴辛附近的人说，他们还数次看到香奈儿开着黑色的劳斯莱斯，去看望修道院里的修女嬷嬷，给修女们送钱，和修女们聊天，表现得非常谦逊和低调，只是无论多晚，她都不会留在修道院中过夜。

或许，在香奈儿眼里，真正的女王是可以手握命运的罗盘，篡改记忆的。而篡改记忆，也是让曾经在痛苦和心碎中"死"去的自己重生的方式。

彼时，随着时间的慢慢推移，香奈儿也在奥巴辛修道院中慢慢长大。

她将在十八岁成年时离开奥巴辛。

是的，对于修道院，她一直有着独特的感情，那里的一切都成了她日后的灵感源泉，那段岁月，也成了她埋藏在心底深处的秘密。

虽然高墙幽禁了她的青春，但那个黑白分明、干净、冷清的地方，也让她学到了使自己出类拔萃的缝纫本领，发现了自己的天赋所在。

那个枯燥又严苛、温情又安宁的地方也让她明白，生而为人，就必须拥有守护天赋的能力，然后再用天赋去磨炼技艺，用技艺，去为自己创造喜欢的生活。

就像如果命运是一条河流，想要不被遗弃，不被轻视，就必须拥有自己的船和桨。

抵达自由，唯有自度。

谁说牧羊女的后代不能成为贵族？

世间欲壑难平，爱情、金钱、美貌、地位、名声……偏偏自由是最难抵达的。然而没有试过，又怎会知道自己不能呢？

1901年的秋天，从科雷兹河吹来的风开始有了凉意，奥巴辛高墙外的森林开始泛黄，村庄里的麦田灿若黄金，香奈儿也在修道院迎来了她的十八岁生日。

按照修道院的规定与流程，那一天，院长嬷嬷会让她去办公室一趟，然后郑重地询问她，是否愿意留在奥巴辛。

愿意留下来，就可以成为一名见习修女，通过考核，戴上白色的头巾，换上黑色的修女袍，永远忠诚于上帝，为信仰付出一生。

如果不愿意，便可以带着院长的介绍信，到穆兰的圣母玛利亚教会学校继续深造。

毫无疑问，香奈儿选择了后者。

她终于长大了。

那也是她人生中第一次,有了可以选择的权利。

很多年后,她向朋友透露,那个时候在她心里,信仰早已荡然无存。她天生就无法适应修道院的生活。将来,她会有自己的生活,不必依存于祷告,而是凭借自己的双手——在修道院里无数次的祷告,也无法让她的生活发生任何改变。

而如果非要说她在修道院获得了什么信仰的话,不如说她的信仰,自始至终都只有自由。

于她而言,自由就是最好的成人礼。

唯有自由,至高无上。

离开奥巴辛时,香奈儿告诉自己妹妹安托瓦尼特,会照顾她一生。一年前,香奈儿的姐姐茱莉亚就已经去了穆兰。看起来,再过几年,三姐妹就能在穆兰相聚。

在修道院生活多年,香奈儿一直没有等到父亲的任何消息,但就在她离开之前,院长嬷嬷为她联系上了家人——她的祖父母。他们,当时就在穆兰的集市上摆摊。

穆兰城,阿列省的省会,离奥巴辛大约一百英里,曾是波旁王朝的贵族庄园,后成了法国重要的驻军基地,是一座古老的充满宗教气息的城市。

走在穆兰的街道上,你会听见中世纪的教堂里不时传来唱诗班的歌声,而空气里,分明又是灯红酒绿、红尘滚滚。

是的，因为那里驻扎着许多的军团，年轻的士兵们给城市注入了活力，也带动了当地的经济，繁华的街道上商铺林立，酒馆、咖啡店、歌舞厅……都是军官们扎堆消遣的场所，而光为这些军团加工服装，就需要几千名女工。

香奈儿就读的教会学校就在穆兰城中的一条街道深处。

学校四周依然是冰冷的高墙，随处可见的十字架和庄严的钟声，仿佛让人又回到了奥巴辛。但显然，这里是一片与孤儿院截然不同的世界。

在孤儿院，大家的身世相差无几，都是平等地生活在森严的教规下。教会学校里却有着来自社会各个阶层的学生。她们有些人可以经常出入集市，去买各种各样的东西；有些人经常把巴黎的见闻挂在嘴边，将那里描绘成一座人间天堂；有些人喜欢使唤给学校打杂的学生，比如香奈儿，因为香奈儿没有钱交学费和寄宿费，便只能用课余时间的杂役工作来交换。

所以，在教会学校，像香奈儿这样由慈善资助入学的学生，地位是极低的，既不能上钢琴课，也不能穿漂亮的校服，总是有干不完的活，经常沦为同学们嘲笑的对象。

或许是因为在教会学校过得并不愉快，多年后，香奈儿又选择性地把这段记忆给抹掉了。她几乎从不向人提及教会学校的事情，也很少提及她的祖父母，不过她却很喜欢与她的小姑姑——安德里安娜·香奈儿待在一起。

安德里安娜是香奈儿父亲最小的妹妹，昔日香奈儿出生时，她才刚满两岁。尽管她同样是出生于贫民家的孩子，但从小生活在父母身边，享受着父母的温暖与疼爱，安德里安娜的性格非常活泼开朗。

安德里安娜，正是香奈儿在教会学校的同学。

在旁人看来，香奈儿和安德里安娜就像是一对形影不离的亲姐妹。她们年龄相仿，并且因为血缘的关系，她们相貌上也有几分相似，都是娇俏明艳型的美人儿。

只是，安德里安娜的面部线条更加柔和，笑起来也更加甜美，当她用水汪汪的大眼睛望向你时，你好像看到了一头无辜的小鹿，能激起人无限的保护欲。用香奈儿的话来说，安德里安娜的美，好比春夜里开启的佳酿，令人陶醉。

香奈儿自己呢，她身材清瘦，眉目如画，脖颈白皙颀长，然而目光里却带有天生的疏离和清冷。还有她身上那种桀骜不驯的少年感，又为她增添了一份独特的魅力。

香奈儿第一次意识到自己的美貌，是在十六岁。她说："十六岁，我就知道自己长得非常漂亮。我有一头乌黑浓密的秀发，一双黑貂绒般的眼眸，闪着青紫色的光。瀑布一样的黑发里，藏着我巴掌大的小脸。"

除了美貌，香奈儿还强调自己是一个叛逆的少女，看起来非常弱小，但当她身处恶意之中时，内心里那头沉睡的狮子就会醒来，发出震耳欲聋的怒吼。比如，她曾经想一把火烧掉姨妈家的谷仓，让姨妈暴跳如雷。

没错，多年后，在与朋友的谈话中，香奈儿继续虚构着自己的过往——姨妈家的生活，和安德里安娜姑姑一起。

当安德里安娜来看望她时，她对姨妈说："我们要喝茶。"

"喝茶？你在哪里看到有人喝茶的？"

香奈儿说："时尚报纸。来自巴黎的时尚报纸。在那里，人们邀请朋友会把茶壶放到保暖罩里，然后在一张铺着精美桌布的小桌子旁等待朋友们的到来。"

姨妈觉得她疯了，一个寄人篱下、出身贫苦人家的野丫头，不知道哪里来的自信，认为自己可以享受到贵族阶层的待遇。

"加布里埃，如果你知道自己是一个牧羊女的后代，你的头就不会抬得那么高。"

曾经，香奈儿非常讨厌那句话，但就在联系上安德里安娜之后，她突然就不介意了。

安德里安娜也是牧羊女的后代，高贵和优雅却与生俱来，她不是世袭的贵族，却是天生的贵族。

谁说牧羊女的后代就不能成为贵族？香奈儿偏不信。

她认为自己与贵族之间，不过是隔着一次契机，一块跳板。

于是，当她与安德里安娜谈到巴黎的贵族阶级时，她坦然地说出了自己的想法："谁能把我带到他们中间去呢？"

二十岁的安德里安娜摇摇头，她的眼神清澈又温柔，充满了真诚："虽然我没有办法把你带到他们中间去，但是，我相信以后你一定会坐在他们中间的。"

事实上，不管是在虚构的回忆中，还是在真实的生活中，安德里安娜对于香奈儿来说，都像是来自家族里的一道光，陪伴过她，温暖过她，鼓励过她，照亮过她。

后来，安德里安娜也真的成了那个间接转动香奈儿命运之轮的人。只不过，那个时候的香奈儿，尚不能洞悉未来，对此还一无所知。

1903年，香奈儿和安德里安娜一起从教会学校毕业，并一同参加了她们的第一份工作，在穆兰城的"格朗佩尔"时装店当缝纫女工。

那段日子，两位姑娘白天在店铺里努力工作。比如，为当地的贵妇人缝制礼服，加工新生婴儿的衣物，或者给附近的人家绣嫁妆等。店里的生意非常好，女工们在工作日基本没有休息时间，每次下班时，都已夜幕降临。暮色中，城中塔楼上象征自由的钟声准时响起，但那时的香奈儿，离她渴望的自由还遥不可及。

经常，两位美丽的姑娘就那样踏着城市的夜色回到租住的阁楼里，然后开始讨论报纸上的新闻，小说里的情节，畅想着自己的未来，缓缓进入梦乡。

那时的香奈儿不仅喜欢看书，还喜欢收集报纸。她把自己感兴趣的内容从报纸上剪下来，都贴在一个本子上。而相比看书，安德里安娜则更喜欢听香奈儿和她讲言情小说里的故事，她最大的梦想就是嫁得一位如意郎君。香奈儿看过很多小说，在教会学校，她就曾经把小说里的段落抄进作业里。她认为是小说教会了她怎样生活，也是小说唤醒了她心底深处的浪漫情怀。她同样憧憬爱情，但对于婚姻，由于她目睹过母亲在婚姻中所遭受的痛苦，她还有着本能的抵触。

放假的时候，香奈儿便会跟着小姑姑一起回到祖父母的家里。茱莉亚从学校毕业后，也一直待在祖父母的身边，帮他们照看生意，她告诉香奈儿，自己对当下的生活非常满意。

安德里安娜也会带香奈儿去露易丝家里玩。露易丝是安德里安娜的大姐，香奈儿的大姑姑，也是一个心灵手巧的女人。在露易丝家里，香奈儿第一次看到那么多的半成品帽子。穆兰城的商店里确实也有很多女帽出售，但那些帽子，不是像一个个笨重的水果篮子，就像复制了丑陋的鸟巢。露易丝做的是装饰帽子的手艺活，她从离穆兰三十英里的维希城买来帽坯，然后利用自己的巧手，在帽坯上缝制羽毛、树枝、仿制珠宝、花朵、丝带等装饰物。

香奈儿就是在露易丝家里学会了装饰帽子的手艺。她用自己独特的审美眼光试着装饰了一顶帽子，结果受到了安德里安娜的盛赞，称她是一位点石成金的大师。香奈儿则表示，如果有一天，自己成了时尚大师，就会邀请安德里安娜做自己的首席模特。

那个时候，在堆积如山的帽坯间，彩带环绕，针线翻飞，谁又会知道，两个出身寒门的姑娘的对话，日后会成为现实呢？

日子一天天过去，似乎毫无波澜，但香奈儿却总是隐隐觉得不安。她是店里手艺最好的女工，但依然工资微薄，只够勉强养活自己，而且，还没有提升的空间。那么，如果不改变现状，她的梦想就可能永远不会实现。

而安德里安娜，家里已经在为她安排婚事了。他们希望她嫁给一个公证员，虽然对方的年纪有点大，但结婚后，至少可以确保她余生衣食无忧。

安德里安娜感到苦恼不已。她告诉香奈儿，自己虽然性格温驯，人生中也没有别的追求，但在挑选丈夫这件事情上，两情相悦是她的底线。

让安德里安娜嫁给一个公证员，一个据说是秃顶的中年男人，那么香奈儿在他们眼里，只要嫁给一个四肢健全的男人，是不是就应该心满意足了？

原来，她的骄傲，在自己的亲人眼中，一文不值。

这样想的时候，香奈儿不由得感到一阵强烈的羞辱。

她告诉自己，必须另寻出路。

多年后，香奈儿依然隐瞒了这一段经历。

她熟练地虚构着自己的故事。她告诉自己的传记作家且十分要好的朋友保罗·莫朗，那个时候，她依然生活在姨妈家，就像一匹难以驯服的野马。姨妈家有一片浅草牧场，专门负责给军队养马，附近的驻军军官经常会过来检查他们的马。他们都是俊朗的轻骑兵，穿着天蓝色的夹克，身材魁梧，敲打一下马的关节就知道马的优劣。有一次，她抓住一匹马的鬃毛，纵身跃上马背，在硬土地上自由驰骋，结果把马蹄都磨烂了。那匹可怜的马没上蹄铁。那一天，她遇到了一位年轻的军官，她不敢与他对视。但当姨妈转过身去的时候，军官却温柔地俯下身在她耳边说："是不是有人在马没上蹄铁的时候去骑马了？嗯？你这个淘气的小家伙！"

她的确是个编故事的高手。

然后，她又告诉这位朋友，在即将谈婚论嫁的年纪，她逃离了姨妈家，她觉得高兴极了，因为再也不用为假定的婚事而烦恼了，再也不用在假定的新婚之夜穿的衣服上绣十字绣了，再也不用在手帕上绣丈夫名字的首字母了——"那一切都让我觉得恶心……我疯狂地唾弃我的嫁妆。"

她说，她要继续保持骄傲。

她还说，骄傲的人只知道一种至高无上的利益，那就是自由。但想要自由，就必须富有。

她一遍又一遍强调着，丝毫不屑掩饰自己对金钱的渴望——没有钱，你什么都不能做。有了钱，你才能获得尊严。没有钱，你便必须坐等一个男人来娶你。如果你一点也不喜欢他，又该怎么办呢？换作其他的女孩子，可能会就此认命，选择逆来顺受，但她不会。她的骄傲随时提醒她，让她在痛苦中清醒过来。你若接受，那将与接受地狱没什么两样。

但即便是虚构,也难掩一个人的本心。

无论是在虚构中,还是在现实里,香奈儿对金钱的态度,都是一样的。

金钱不是归途,而是桥梁。

世间欲壑难平,金钱、美貌、地位、名声,还有爱情……偏偏自由是最难抵达的。

然而没有踏足其上,没有同命运搏斗过,又怎么知道自己不能呢?

歌女可可：骨子里有风的女人

她明白，她是狮子，是烈马，是天生不羁的、骨子里有风的女人。所以，她宁愿待在自由而艰险的丛林，也不愿意做一只金丝雀，被人豢养，慢慢忘记怎样飞翔。

香奈儿（CHANEL）——这个名字，如今已闻名世界。

在香奈儿创造的时尚帝国里，它是一瓶清新迷人的香水，是一支丝滑润泽的口红，是一款低调奢华的手袋，也是一个可以随意变换，象征着一位伟大女性的独立精神与优雅气质的时尚标志。

而打翻时光的沙漏，在香奈儿亲眼见证的年代，这个名字还曾是一部记录她人生传奇经历的歌剧，是巴黎香榭丽舍大街上，情人在她耳边深情的呢喃，也是穆兰城的圆亭咖啡馆里，舞台上那个唱着小曲，让无数人心醉神迷的身影。

1904年的夏天，香奈儿和安德里安娜决定利用周末的时间找一份兼职。

她们需要更多的钱去做自己喜欢的事，去获得选择的权利。而在找到最佳途径之前，勤劳，无疑是最靠谱的道路。

很快，穆兰城中一位专门为军官们缝补衣物的裁缝与她们一拍即合。之后的每个周末，她们都会去那名裁缝的店里充当助手。

在此之前，光顾裁缝店的大多都是骑兵营的军官们，因为经常骑马，他们的裤子很容易磨破。但自从两位美人到来后，似乎所有驻军军官的裤子都需要缝补了——经常一到周末，军官们被允许出营，裁缝店的顾客就排到了大街上，为了一睹美人的芳容，他们愿意花费宝贵的休闲时间。

不过，如果想与两位美人约会，蜂拥而至的追求者们还需要花费一点头脑和诚心。通常情况下，两位美人都并不会轻易答应，毕竟不管去哪里，她们永远都会结伴同行，并且，她们连自己的芳名都守口如瓶。

或者，也可以说，那个时候的香奈儿，就已经懂得了如何让自己保持神秘。而神秘，便是永恒的吸引力。

在穆兰城的广场旁边，有一座圆亭咖啡厅，一到周末，士兵和军官们就会聚集到那里，放松身心，喝酒听歌，打发空闲的时光。

咖啡厅的歌舞表演不收票，客人们只需要向老板支付酒水费用即可。当然，如果你愿意，也可以拿出些许小费，用来打赏那些歌舞演员，顺便换取她们的嫣然一笑。

某个周末的夜晚，安德里安娜终于接受了一名叫作"莫里斯·内克松"的军官的邀请，与香奈儿一同去了圆亭咖啡厅。

内克松当时正在穆兰的第十轻骑兵团服役。而第十轻骑兵团，正是一个有名的贵族兵团，军官们都非富即贵。内克松就是一名男爵，他的家庭条件非常富裕，同时还是一位翩翩君子，对安德里安娜更是一见钟情。

安德里安娜是个幸运的姑娘，两情相悦本就可遇而不可求，而且极有可能，她这位一腔赤诚的追求者还会带给她改变阶层的机会。因此，她必须一边细心考察，一边又要将自己的魅力发挥到极致。

显然，爱情也是需要运气加持的。那个时候的香奈儿，还没有遇到让自己心动的人。但对于她来说，爱情是锦上添花，她却更希望，与自己恋爱的人可以先为自己铺就一段锦绣前程。

夜晚，香奈儿要了一杯香槟。那是她第一次喝香槟，令人愉悦的琥珀色液体，泛着梦幻的泡沫。她喝着香槟，看着台上的歌女摇晃着舞动，哼唱着小曲，台下的士兵们吹着口哨，满目陶醉，她的心里突然就生出了一个大胆的想法——歌女香奈儿，是的，为什么不试一试呢？

一曲完毕，另一位歌舞演员拿出事先准备的帽子，开始在人群中逐个收取小费。香奈儿听到了钱币不断在帽子里发出碰撞的声音，那真是天底下最美妙的音乐！

于是，在歌舞演员休息的空隙，香奈儿站到了圆亭咖啡厅的舞台上。

她先是唱了一首《公鸡喔喔喔》，接着又唱了一首《谁见过我的可可》：

> 我丢失了我的小狗，
> 我可爱的小狗可可，
> 它在特罗卡德罗走失，
> 它找不到回家的路。
>
> 我的男人见异思迁，
> 我的可可忠诚不变，
> 啊，我的可可走失在特罗卡德罗，
> 谁见过我的可可……
> 啊，我的可可丢失在特罗卡德罗，
> 谁见过我的可可……

两首歌都是轻松欢快的风格，也是香奈儿唯一可以唱完整的歌。

事后，安德里安娜悄悄问香奈儿，为什么会选择那两首歌。香奈儿只好笑着告诉小姑姑，她曾经在教会学校听一位同学唱过，歌曲可能来自遥远的异乡，也可能是在老师们眼中上不了台面的小曲儿。她说："如果要唱第三首，可能我就要歌颂上帝了。"

但就是那样的两首歌，让香奈儿在圆亭咖啡厅一炮而红。

当她唱完一曲时，台下已是欢呼声四起，军官们吹起响亮的口哨，空气一度沸腾。到了第二首歌副歌的部分，那些年轻人更是敲打着桌子，顺着节奏大声喊着"可可！可可！"。

那天晚上，香奈儿并不是最美艳的，也不是最性感的，歌喉也没有达到专业的水准。但她却是最令人难忘的。

哪怕身处这样的一方小小的舞台，美貌、青春和性感，都不算稀奇。

那么，稀奇的是什么呢？

或许，就是香奈儿身上那种孤注一掷又无所畏惧的勇气，是那种小狮子一样桀骜不驯的眼神，是她身处灯红酒绿之中，依旧独立荒原的姿态，足以撩拨所有人的心弦。

而可可，一首歌谣里的小狗的名字，竟然就这样成了香奈儿的艺名。

真是阴错阳差。曾经，香奈儿就对"加布里埃"这个名字有过本能的排斥，就像排斥着强加于身、禁锢她多年的命运。

自此，她便开始自称"可可"——歌女可可。

如果有人非要问她的姓氏，她又恰巧心情不错的话，就会直视着对方的眼睛，用简洁的声音回答："我叫可可，可可·香奈儿。"

不过在多年后，谈及"可可"这个名字的由来，她依旧选择对圆亭咖啡馆只字不提。

她告诉她的亲人和朋友，可可，只是父亲给她起的小名，和这个小名联系在一起的,还有她对父亲的全部记忆。

只是彼时的她,还不知道可可这个名字,有一天会熠熠生辉地成为开启一座时尚帝国的密码。

她只知道,从此之后,每个周末的晚上,她都会去圆亭咖啡馆唱歌。如果哪次她有事请假,观众们就会大声质问老板:"我们的小可可去了哪里?"

安德里安娜则很乐意帮香奈儿收取小费。每当香奈儿下台,她就会优雅地拿起一顶礼帽,迈着莲步走向观众,用香槟酒一样的梦幻声音说道:"先生们,感谢您的慷慨,都是为了艺术家。"然后,满载而归。

是的,不为艺术,为了满载而归。

经常到了深夜,卸下歌女身份的香奈儿回到租住的阁楼中已经精疲力竭,但脑海里还会响起一枚又一枚面额不等的生丁(法国辅币)落到帽子里的声音。

她喜欢那种声音,多么催人奋进。

就在香奈儿成为歌女可可不久后的一个周末,安德里安娜在收取小费的时候,有位军官往她的礼帽里放了一张大额纸币——对方和内克松一样,是在咖啡馆享有固定位置的客人。

只见对方徐徐地吐出一个烟圈,用漫不经心的口吻对安德里安娜说道:"别介意,我只是想请迷人的可可小姐喝杯香槟。"

那一刻,在很多人看来,圆亭咖啡馆又多了一段以一杯香槟开始的猎艳故事。但实际上,那也是一个姑娘的命运罗盘,在冥冥之中被拨动了的故事。

那位出手阔绰的军官,那个故事里的男主角,就是艾提安·巴尔桑。巴尔桑是内克松的朋友,同样来自第十轻骑兵团,也同样是一位年轻的单身富翁。

不过相比巴尔桑所拥有的财富,香奈儿似乎对他的人生经历更感兴趣。

如巴尔桑所说,他的家族拥有很多的工厂,他们收购羊毛,生产布匹,给法国军队和英国警察提供制服,因此财源滚滚。

但在少年时代,巴尔桑的父亲就过世了,他的叔叔们便成了他的监护人,并代为保管他的财产。叔叔们把他送到了英国的一所寄宿学校读书,希望他学成归来,可以顺理成章地继承家族的生意。

巴尔桑却告诉香奈儿,他对学业和生意一点都不感兴趣。在英国,他度过了一段非常阴郁的日子。好在接连不断的猎狐比赛和马球比赛拯救了他。他用零花钱买了两匹纯血马,并把全部心思都花在了马身上。就那样,在学业上一无所成的他,但凡参加与马相关的比赛,都能满载而归。

他还说自己可以"凭双腿的力量将一匹平平无奇的马变成百里挑一的良驹",也可以"闭着一只眼睛纵马飞奔,以避免泥块溅入两只眼睛里"。

总而言之,在很长的一段时间里,他都认为,自己就是一个天生的骑士，是一个骑马的天才。那么，开办驯马场，才是值得他用毕生热忱去追求的事业。

后来，他被叔叔们召回，负责运营一个工厂，为几年后继承家业做准备。但对于他来说，在工厂里担任任何职务都是折磨，他甚至愿意立刻去服兵役，至少，还可以和马儿待在一起。怎料入伍之后，他才发现自己被分配到了一个步兵团，与他期待的骑兵团相隔甚远。他只能费尽周折把自己调到了一个与马相关的岗位上。然而很快他又被派往非洲北部，加入了驻扎在阿尔及利亚的法国轻骑兵团，在异国他乡，他每天都盼望着能回到自己的祖国，骑着他的纯血马，驰骋在森林与河谷之间，呼吸着芬芳又自由的空气。

一天，机会终于来了。巴尔桑得知军队里的马得了一种奇怪的皮肤病，正当当地的兽医都束手无策时，他与军队的长官做了一个交易，如果他可以把军队里的马都医好，那么长官就必须把他调回法国。长官答应了。而巴尔桑，在英国读书时，就曾经跟一个朋友学习过医马的技术，包括治疗各种各样的皮肤病。

因此，几个月后，那些马都奇迹般地康复了，巴尔桑也被调回了穆兰城。

遇到香奈儿的时候，巴尔桑即将退伍。他年长香奈儿几岁，正在等待继承他父亲的遗产。

那笔遗产究竟有多少钱？巴尔桑不需要计算，因为他一辈子都花不完。

不过，巴尔桑倒是很乐意跟香奈儿透露自己退伍之后的打算——

他要买一座城堡，要建立一个全法国最好的驯马场，要养很多的纯血马，请最好的驯马师，要参与每一场赛马的盛宴，要狠狠地弥补成长中的遗憾，要活得自由自在，要玩得尽情尽兴。

香奈儿也想狠狠地弥补成长中的遗憾。

而自由，更是她一生都想拥有的东西。

尤其是巴尔桑所描绘的未来，以及他那种对金钱满不在乎的态度，都深深刺激了香奈儿，她强烈地渴望自己可以成就一番事业，做命运的主人。

一段时间过后，香奈儿和安德里安娜便辞掉了穆兰城所有的工作，穿着自己做的新衣服，登上了开往维希的火车。

抵达维希后，她们在公园里拍了一张合照，定格了彼时青春靓丽的年华。而当时，从她们的装扮上，也已经可以看出日后举世闻名的香奈儿风格的雏形——简约时尚，落落大方。

晚年时的香奈儿不愿提及圆亭咖啡馆，但她却没有隐瞒去过维希。

维希不仅因温泉而闻名法国，还有许多的百货商店和音乐厅，而且每年都会举办盛大的音乐会，吸引着来自全国各地的游客。

在香奈儿的回忆里，维希是一个美好的天堂，也是一方荒诞的乐土。但对于初来乍到的人来说，那里的一切都是神奇的，繁华的景象总是令人大开眼界。

维希，还是香奈儿第一次逐梦的地方。

她希望自己可以成为一名音乐剧演员，登上维希最好的舞台，然后慢慢积累声名与财富。

可惜，维希的生活比她想象中的更艰难。

在那里，她不再是圆亭咖啡馆那个倾倒众生的小可可，而是变成了一个处处碰壁的灰姑娘。

她去过很多的音乐厅应聘，可惜无一成功。

安德里安娜提醒香奈儿，应该换上有更多亮片的舞台装，露出肩膀、乳沟和大腿，不要穿得像去参加葬礼。可是香奈儿一换上那样的衣服，就显得浑身僵硬，她离丰乳肥臀的性感实在差得太远。

香奈儿的嗓音也被质疑不够专业，她始终无法唱出太高的音调。

经常，回到狭小的出租屋，她的耳朵里还在回响剧场经理的怒吼："请打开你的嗓门，请扭动你的臀部！"

她辗转于各个音乐厅和小酒馆，甚至没有赚足一套舞台服的钱。

为了养活自己，她还去做过矿泉水销售员，在"大栅栏公共饮水亭"，穿着白色制服，用雕花玻璃杯将新鲜的矿泉水端给前来观光的游客。

而在她的不远处，就是维希最大的音乐厅"爱丽舍宫"，待天色一暗，那里的舞台上，就会出现法国当红的明星。

而她却只能换上廉价的服装，走进街角的一家小酒馆。

在维希，香奈儿学会了抽烟。

安德里安娜说香奈儿抽烟的时候有一种天生的优雅。

香奈儿告诉小姑姑，香烟可以让她的头脑更加清醒。

但无法否认，在随风飞扬的烟雾中，香奈儿也会对自己的出路感到迷茫。

她不怕苦，不怕嘲笑，不怕打击，她只是看不到希望。

安德里安娜来维希的目的却与香奈儿不同。

她只是希望趁机考验一下她的男朋友。当内克松的父母得知他们的儿子非一个缝纫女工不娶的时候，不禁大发雷霆。他们告诉内克松，如果执意迎娶安德里安娜，那么就代表放弃遗产的继承权。内克松非常痛苦，因为遗产和安德里安娜，他都不想失去。

如安德里安娜所料，内克松很快来到了维希，他声称，自己无法忍受一天没有安德里安娜相伴的日子。他想出了一个两全之策，那就是避免与父母正面交锋，然后将自己与安德里安娜的关系转化成秘密情侣。他会保证父母在世的时候不娶安德里安娜为妻，但他也不会多看别的女人一眼。而一旦父母过世，安德里安娜就会立刻成为内克松男爵夫人。

安德里安娜相信了内克松，她把自己当成了爱情小说里的女主角，她告诉香奈儿，或许这就是上帝的考验，通往美好婚姻的路，从来就没有坦途。

如此，不久后，安德里安娜就与内克松住到了一起，开始享受他们甜蜜又隐秘的恋情。

那么巴尔桑会来维希找香奈儿吗？

香奈儿并没有把握。

彼时的他已经退伍，或许正忙着购买城堡，修建马场，纵情玩乐。又或许，他早已经把她忘了。

在她看来，她和巴尔桑之间互有好感，但毕竟还没有产生什么坚不可摧的情感联结。

就像在旁人看来，"迷人的可可小姐"不过是巴尔桑先生在咖啡馆想要俘获的猎物之一。

而在香奈儿心里，巴尔桑同样可以成为她经过仔细甄别，慎重选择之后，纵身跃上的一块跳板。

当初，巴尔桑的确也曾不止一次地暗示过香奈儿，只要她愿意，他就可以让她过上锦衣玉食的生活。

但香奈儿坚持要来维希。她想试一试，歌女这条路她到底能走多远。

她知道巴尔桑的暗示代表着什么。

或者也可以说，巴尔桑在她面前指出了一条衣食无忧的捷径。

至于那条捷径的尽头会通往何方，包括巴尔桑在内，任何人都无法向她担保。

不过，她一直都是清醒的——尽管清醒带给过她很多的痛苦。

她明白，自己是狮子，是烈马，是天生不羁的、骨子里有风的女人。

因此，她宁愿待在自由而艰险的丛林，也不愿意做一只金丝雀，被人豢养，慢慢忘记怎样飞翔。

人生山长水阔，那条充满诱惑的捷径，她或许会借道一程。

但她也明白，自己只能做一名过客，那样的路，再流光溢彩，终究不是她想要的归途。

第二章

挣脱命运之绳

"想要无可取代,就要与众不同。"

——可可·香奈儿

为了纵马驰骋，香奈儿成为法国第一个穿裤子的女人；为了经济独立，她开始设计帽子，才华与独立人格初露头角。遇到情人卡柏后，她来到巴黎，获得进入时尚界的门票……

在那个女人尚是男性附属的时代，男人将她当成金丝雀，却不知她是天生的狮子，是强悍的野心家，骨子里风声猎猎，只为做自己永远的主人。

霍亚里越的似水年华

当她踏着碎玻璃一样的夕阳向霍亚里越奔去时，看到整座城堡都笼罩在黄昏的余晖中，是那么美丽，那么辉煌。但那样的情景，她看在眼里，却觉得像一部宏大的小说的结尾，心中的感触，久久不能平息。

在香奈儿自己创建的故事版本中，她和巴尔桑是在维希的茶会上认识的。

她成了追求者，主动出击，一击即中。

去霍亚里越的过程，也是充满了浪漫主义的色彩。

她告诉朋友莫朗——

在她十几岁的时候，家人带她去参加茶会，她遇见了年轻人巴尔桑。得知巴尔桑有一队赛马后，她便以一种天真的热情去接近对方。相识的第二天，他们就约会了。在绿草如茵的阿列河畔，河水不断翻腾，水花的味道泼溅在空气中，让人心潮澎湃。柔软的沙滩和白色的栅栏沿着河岸一路向前，极目远眺，就能看到旧时波旁省的绵绵青山。山绵延起伏,阳光明媚,骑师们弓着身子在直线跑道上疾驰而过,他们的下巴抵在膝盖上,像大鸟一样消失在远方。

那样的情景,令她毕生难忘。

十几岁的她不禁感叹:"骑师们的生活是多么自由啊。"

巴尔桑回应道:"我每天都过这样的生活。我住在贡比涅,为何不让这种生活成为你的生活呢?"

她点头。

阿列河一路向前,水面上的阳光犹如流淌的黄金,她把手放进他的掌心,仿佛触摸到了另一个世界的入口。

实际上,在1904年到1905年之间,艾提安·巴尔桑才从穆兰城以骑兵中尉的军衔退伍。

退伍之后,他曾经对香奈儿透露过的那些关于未来生活的计划,全都一一实现了——他理所当然地继承了父亲的遗产,有了大笔的启动资金,再加上坚如磐石的决心,以及多年来对赛马领域的研究,一切便志在必得,势如破竹。

在距离巴黎八十公里的贡比涅,巴尔桑买下了霍亚里越城堡。那座被常春藤覆盖的古老建筑已历经几百年的风吹雨打,相传曾是波旁王朝的贵族们打猎的行宫。巴尔桑成为城堡的新主人后,很快在城堡旁边修建了马厩和马场,并请来英国最有名的驯马师来训练他的纯血马。当他和朋友们在城堡附近的森林里并肩驰骋时,忠诚的守林人就会应声来为他们开道。

在那一片世界里，巴尔桑成了一位小小的国王——霍亚里越，又称"国王之家"。甚至，他的生活比国王更自由。

只是不知道，昔日巴尔桑在穆兰城迷离的灯光下构想未来的时候，他的计划中有没有"迷人的可可小姐"？

但可以确定的是，巴尔桑将霍亚里越的事业安排妥当之后，就立刻去了维希。

当时的香奈儿，正在窘迫的生活中苦苦挣扎，却一直没有获得登上大舞台的机会。于是，一段时间后，她便接受了巴尔桑的邀请，接受了人生的转折，从此彻底告别了底层歌女的身份和为一日三餐奔忙的命运。

霍亚里越旁边就是闻名于世的贡比涅大森林。

现在很多人还会将那片森林与战争联系在一起。

而可可·香奈儿，因为与霍亚里越主人的关系，就曾切身体验过那种纸醉金迷、声色犬马的城堡生活，以及在贡比涅森林策马扬鞭的日子。

那片森林，不仅见证了她马背上的英姿与芳华，还是她找到翅膀，飞向巴黎的地方。

那么香奈儿是以什么样的身份住在霍亚里越的呢？

她心知肚明，巴尔桑将她带离了命运的沼泽，是她生命中遇见的第一个贵人。他个性正直，豪放不羁，是一位值得交往的朋友。但他，也是一位彻头彻尾的享乐主义者——不婚，就是为了让享乐更轻松，更便捷。

巴尔桑一生未婚，纵情声色，放浪形骸，身边从不缺女人，他自然不可能对某一个女人从一而终。

如果说，赛马是巴尔桑的英雄梦想，那么女人就是他的毕生兴趣。

巴尔桑对香奈儿自然是感兴趣的。在他看来，香奈儿与他遇见过的女人都不同，她的个性深深吸引了他，一度令他魂牵梦萦。

但香奈儿并没有成为城堡的女主人。

在她抵达霍亚里越之前，巴尔桑身边已经有不少的女人，那些来自巴黎的美人，就像蝴蝶一样穿梭在城堡里，参加派对，通宵达旦。其中，就包括一位著名的交际花——埃米莉安娜·达朗松。

埃米莉安娜的年纪比香奈儿大十四岁，浑身都散发着成熟女人的魅力。她肤如凝脂，面若芙蓉，生得丰腴又姣美。美貌和性感都是她的代名词。同时，她也是一位传奇人物，出生于蒙马特乡间一个守门人家庭的她早早辍学，在廉价的马戏团度过了青春年华。但不知从什么时候开始，吸引男人成了她的终身事业。后来，她去了巴黎，做了女演员和交际花，名利双收，令许许多多的贵族为之倾倒，还与比利时国王关系暧昧。在马赛尔·普鲁斯特的《追忆似水年华》中，埃米莉安娜又成了他笔下巴黎高级交际花的原型，明眸善睐，风情万种。

或许对于埃米莉安娜那样的女人来说，风尘之路，并非沦落，而是改变命运的通道。

在霍亚里越的长廊里，埃米莉安娜曾大方地向香奈儿分享她取悦男人的秘诀。比如，当你走错了餐厅，不必着急道歉，只需要睁大眼睛，流露出无辜就可以了……

香奈儿对这些调教和技巧似乎并不感兴趣，她有自己的想法。她知道自己永远都不可能成为像埃米莉安娜一样的人间尤物，那么就不如将自己的特质发挥到极致。

在时间面前，以色事人，注定不会长久，终有一天，美貌会枯萎，你也会被年轻的美人取代。

个性的魅力却可以保持终生。

而服装，便是诠释个性的最佳工具。

为了与交际花们区分，香奈儿选择了另辟蹊径，将自己打扮成一个简洁利落的少年模样。

她不戴埃米莉安娜那样顶着一头装饰物的帽子，而是戴基础款的男士礼帽，帽子上仅有一条最简单的丝带——其实早在穆兰和维希时，对于修改自己的衣帽，她就已经轻车熟路。只不过在霍亚里越，她获得了更多闲暇的时间，也有了更多的零花钱用来买材料。

服装方面，她一直讨厌裹胸和束腰，到霍亚里越之后，为了方便骑马，她更是直接穿起了男装。在与巴尔桑的合影上，她就穿着一件男式的白衬衫，下装则是马裤和靴子，戴着一顶大檐帽，一张明媚动人的脸。白衬衫上学生模样的半截领带是点睛之笔，为她增加了几分俏皮，又不失英姿飒爽。

有一段时间，她去拜访了住在霍亚里越附近的一位有名的裁缝，对方曾为贡比涅第五龙骑兵团制作骑兵服。她在那里学习了用男装改制骑马服的手艺，回去后便经常用巴尔桑的衣服练手。

巴尔桑偶尔也会生气，但每当他看到娇俏可人的小可可站在他的面前，像一个叛逆的少年一样闪闪发光时，他的怒火就会消减大半，神情也会不自觉地舒缓很多。

她还记得第一次拿着巴尔桑的裤子请裁缝帮忙时，裁缝打趣道："是哪位骑师的个子如此娇小？"

她回答："正是你眼前的这位女士。"

裁缝不禁张大了嘴巴："可是……女士是不穿裤子的。"

她扬起头道："是吗？那就让可可·香奈儿女士成为第一个吧！"

是的，就在霍亚里越，香奈儿学会了骑马。

巴尔桑是一位很称职的老师，也很乐意带他的小情人去参加每场赛马和打猎。尽管在此之前，赛马和打猎一直都是男人的活动，女人大多只会骑一骑矮小温驯的毛驴。香奈儿是巴尔桑见过的唯一一个主动提出要学骑马的女人。

至于埃米莉安娜，巴尔桑同样很迷恋她，但她的兴趣不是在马上，而是在床上。

参加赛马会则是霍亚里越的盛事。

巴尔桑会带着香奈儿和他的骑师们一起出发，一行人锦衣宝马，奔向法国各地的跑马场。从隔壁的尚蒂伊镇,到塞纳河畔的圣克卢,从遥远的多维尔,到埃菲尔铁塔下的龙尚……马背上的光阴,如同一条长河,渗透了霍亚里越的每一寸生活。

遗憾的是,香奈儿身为女人,马术精湛,却没有资格参加比赛,只能做男人们身后的一个看客。

而且在很多人眼里,她和那些站在看台上,撑着遮阳伞,袒胸露背,穿着硕大下摆的蓬蓬裙,打扮得花枝招展的交际花一样,都是赛马主人的附属品。

如此,被物化、被猜度也都是她必须承受的,是她用年轻和美貌换取锦衣玉食的代价。

但香奈儿希望自己与众不同。

她曾留下过几张在马会上的照片,其中一张是在多维尔拍摄的。她站在马场旁边的一条长凳上,背着望远镜,双手插在衣兜里,神情专注地眺望着赛场。值得一提的是,她身上穿的黑色大衣就是一件不折不扣的男装。大衣里面,恰到好处地露出一截白衬衫的衣领,勾勒出她那清晰的下颌线。一条黑色的领带,一顶窄檐的平顶硬草帽,更衬托出她清新脱俗的中性魅力。她用装扮把自己与看台上的其他女人迅速区分开来。

香奈儿不想做交际花,但她却喜欢与交际花做朋友——实际上,她的成功之路,也一直有交际花在为她穿针引线。

晚年时的香奈儿告诉朋友:"我喜欢交际花,喜欢她们身上的香气。她们看似肮脏，实则纯洁，就像'茶花女'玛格丽特……"

在小仲马的笔下，乡下姑娘玛格丽特来到巴黎后，迫于生计，沦落风尘。但即便生活在阴暗糜烂的环境里，她也一直保持着纯洁的内心和对真爱的向往。令人唏嘘的是，玛格丽特在遇见真正喜欢的人之后，却在恋人的误解和旁人的侮辱中患病而亡。而她的恋人终于幡然醒悟，便经常来到她的坟前忏悔，为她献上一束洁白的山茶花。

不过，与其说香奈儿是被小说里凄美的爱情故事感动了，不如说，她是被一个底层女人坎坷的命运刺痛了。

香奈儿说，她曾为"茶花女"的遭遇彻夜难眠，伤心哭泣，而《茶花女》也是她读过的所有小说的综合，并与她的命运隐秘地联系在了一起——如今，我们来看香奈儿的作品就会发现，茶花就是香奈儿王国里开出的一个精神图腾，和狮子、数字"5"一样，都是记忆的路标，情感的痕迹。

那时的香奈儿，已经看了许多文学作品。

她经常光顾巴尔桑的书房，沉醉在那个用文字构筑的世界里。

从修道院时代开始，读书，就成了她体验自由的方式，她也将读书的爱好保持了一辈子。

她把收音机比作一个"装谎言的盒子"，把书比作矿藏和珍珠。后来，她在巴黎接触过很多的智者，那些智者无不讶异于她所知道的一切。

埃米莉安娜曾问她："书真的可以教会你很多东西吗？"

"是的。"香奈儿回答,不过她又补充道,"不过,你要知道,所有取得成功的人,用的都不是从书本里学到的东西。"

埃米莉安娜对香奈儿的友好,一方面是因为性格使然——她声称自己从不嫉妒同类,对自己的魅力高度自信;另一方面也来自她对香奈儿的惺惺相惜,她们,都是从底层社会努力爬上来的女人,都曾生活在阴沟里,想看一看平地上的大江大河,或劈浪前行,或随波逐流,希望可以逃离原生的命运。

相比读书和骑马,霍亚里越的狂欢派对和化装舞会才是让埃米莉安娜的魅力如鱼得水的地方。

一些留存下来的老照片见证了城堡中纸醉金迷的生活:高贵的男爵可以戴上大号的婴儿帽,扮成嗷嗷待哺的小婴儿,巴尔桑可以扮成神父,香奈儿也曾穿着男童一样的黑色礼服和白色衬衫,打扮成俊美的伴郎。埃米莉安娜则头戴花冠,脖子上挂着层层叠叠的珍珠项链,打扮成喜剧片中的大明星,身上的紧身衣让她的腰肢不盈一握。她那张在舞会上的照片,后来一直挂在巴尔桑的卧室里。

巴尔桑是个好客的主人,巴黎的很多女明星都曾是他的座上宾。比如,其中就有一位名叫加布里埃·多扎特的女演员。

这位加布里埃也成了香奈儿的好朋友,她们的友谊一直延续到了巴黎。在另一张化装舞会的照片中,多扎特穿着白色的裙子,挽着"伴郎"香奈儿的手,笑得非常甜蜜。

而自从香奈儿入住霍亚里越后,"加布里埃"这个名字,她上一次听到，仿佛已经是上辈子的事情了……

只是，在所有霍亚里越留下的照片中，香奈儿都显得心事沉沉。

她快乐吗？应该也是有过的。

比如，在森林里自由驰骋的时候，她就体验到了一种纵横四海的快乐。当然，她不会被眼前的快乐蒙蔽了双眼。

她幸福吗？彼时，她告诉埃米莉安娜："我从出生起就不知道幸福是什么感觉。"

常有人说，不要去羡慕别人得到的，要珍惜自己所拥有的，如此，才比较容易感到幸福。

在修道院的时候，修女嬷嬷也常告诉那些被遗弃的孤儿，请闭上眼睛，体会自己的心，尘世中的一切，都是心的倒影。

但归根结底，我们这一生，还是要用你所拥有的，去换得你想得到的。

那么，香奈儿有什么呢？

她有青春，有激情，有尚待发掘的剑走偏锋的才华，有与生俱来的离经叛道的态度，还有一颗永不被驯服的心。

她又想得到什么呢？

是棋逢对手的爱情，是富可敌国的金钱，是特立独行的自由，还是高贵优雅的生活？

康德说过，所谓自由，不是随心所欲，而是自我主宰。

然而对于寄身在霍亚里越的香奈儿来说，年华似水，静静流逝，自由却依然是不可触及的空中楼阁，也是她在内心里埋藏着的活火山一般的欲望。

普鲁斯特在他的《追忆似水年华》中写道，回忆中的生活比当时当地的现实生活更为现实。

香奈儿应该很认同吧。

毕竟小说在她眼里，不过是作者的鹅毛笔下"以梦做衣裳的真实故事"。

她没有妙笔生花，不能以梦为衣，但晚年的她，的确用自己的语言，虚构了无数的回忆和故事。

她告诉朋友莫朗，在巴尔桑的城堡中，她只是一个什么都不懂的小姑娘。如果谁问起她和巴尔桑的关系，她只会不停地哭泣。

她把自己描述成一个迷失的少女，不敢给任何人写信。她怕巴尔桑被警察带走，因为那时她只有十六岁……

唯一没有让她否认的，就是在马背上的时光。她说，那是她在霍亚里越的一段快乐时光。

"当岁月流逝，所有的事物都消失殆尽，唯有空中飘荡的气味还恋恋不散，让往事历历在目。"

与普鲁斯特一样，香奈儿也是一个十足的嗅觉主义者。所以，她在追忆霍亚里越的似水年华时，贡比涅森林的草木气息首先萦绕上了她的鼻尖。

很多很多的事情她都选择了忘记，但骑马所获得的快乐，却是她愿意一再回味的。

贡比涅森林是练习骑马的最好场所。香奈儿一直记得，有次自己在贡比涅森林骑马，一直从中午骑到了黄昏。

那一次，她骑的是一匹她最喜欢的白马，她从马厩里把它带出来，一路向森林深处奔去，沿途洒下清脆而响亮的马蹄声，就像是为她奏响的自由之歌。成熟的草木香气散发在每一寸空气里，随风扑打在脸上，构成令她毕生难忘的记忆密码。

后来，当她踏着碎玻璃般的夕阳向霍亚里越奔去时，看到整座城堡都笼罩在黄昏的余晖中，是那样美丽，那样辉煌。

但那样的情景，她看在眼里却像一部宏大的小说的结尾，心中的感触，久久不能平息。

彼时，八十公里之外，就是巴黎。

她不知道，她在霍亚里越的时光就快结束了，她在巴黎的传奇，已在她决定跨上马背的那一刻，就默默埋下了伏笔。

而城堡里的人也不知道，他们的"美好时代"，以及醉生梦死，纵情享受的奢靡生活，将要结束，再也不会到来了。

她其实是一只猛兽

"在他们眼里,我是可怜的小乡巴佬,是被家庭无情抛弃的小麻雀。但我其实是一只猛兽。"

翻阅香奈儿的罗曼史,我们会看到,她的一生中曾有过很多个情人。

她与他们之间的那些故事,或如朝露般短暂,或如星辰般永恒,或静水流深,或电光石火,或开启了她的灵感之门,或改变了她的整个命运,但其中最绚烂、最凄美,也最刻骨铭心的篇章,还当属她与亚瑟·博伊·卡柏之间的爱情。

只是,彼时的女主角尚不知晓,那个以一见钟情开篇的故事,将比她看过的许多小说都要传奇动人。

1907年的冬天,巴尔桑发起了一次猎狐活动,地点是波城。

波城位于法国西南部,与西班牙接壤,是一座被造物主偏爱的城市，可以背靠巍峨的山脉，也可以拥抱温柔的海岸线，一年四季气候宜人，是享乐者们念念不忘的度假天堂。

天寒地冻，路途遥远，精通骑术的香奈儿自然成了巴尔桑唯一的女伴。

很多年后，香奈儿还记得第一次站在比利牛斯山下是如何被那样的美景所吸引的。

当时正是严冬，那里却像是一片被岁月遗忘了的天堂，天空蓝得几近透明，山上的冰雪在阳光的照耀下闪闪发光，源源不断地化作激流，奔向盆地。她的脚下，青草茂密，山花烂漫，清澈的湖泊倒映着不远处的古堡，马蹄踏在石板小路上的声音连绵不绝，一切犹如小说里的场景。

在古堡里，香奈儿遇见了一个英国男人。他从巴黎过来，是巴尔桑相识多年的朋友。在看到他的那一刻，香奈儿才真正体验到怦然心动的感觉——原来，这世间真有人比美妙的风景更好看。

这个人就是亚瑟·博伊·卡柏，人称"卡柏男孩"。

他有多好看呢？按照香奈儿的说法，卡柏男孩是她见过的最英俊的男人。一向说话严苛的她，在卡柏身上用到了"绝美"这个词，说他不只是英俊，简直是绝美，乌发碧眼，身材挺拔，咖啡色的健康肌肤，强健的体魄，关于他的一切都令人遐思，还说他长得很像鲁道夫·瓦伦蒂诺——一位曾被观众称为银幕情人与"至尊情圣"的好莱坞演员。

"他很年轻,很迷人,浑身上下看不到一丝凡俗的气息。他喜欢征服烈马,也喜欢仰望星空。他神秘,漫不经心,真诚,又充满勇气。他就像他的名字——博伊,男孩,永恒的少年。"

多年后,香奈儿一遍一遍地对朋友、对记者们述说着她和卡柏相遇的故事。那些故事,版本不一,但全都指向了一个事实:卡柏是那样俊美,正是他的俊美让她深深沦陷,最后选择离开了霍亚里越,与他一起奔赴巴黎,逐渐成就事业。

似乎唯有如此,她才可以向世人证明,她并不是一个为了钱而去出卖爱情的女人。

她只是因为爱情,而获得了改变命运的机遇。这两者之间,有着本质的区别。

香奈儿对卡柏男孩的爱毋庸置疑,卡柏也满足了她对完美恋人的全部想象。但有一个重要的前提,那就是,她的确在卡柏身上看到了对方可以将她带往巴黎的实力。

的确,卡柏不仅英俊,还很富有,同时拥有强大的赚钱本领——当时,他在法国的轮船运输生意蒸蒸日上,英国的几家煤矿也在为他积累财富。

当爱情与机遇捆绑相赠的时候,她为什么要拒绝?

一天,在比利牛斯山下,香奈儿与卡柏相约去骑马,他们打了一个小小的赌,谁若是先落下马来,谁就要给大家支付酒钱。

他们骑了很远很远,谁也没有落下马,但回来时,漫天的星光已经落满了湖泊。

"见到卡柏之后，我知道了，有人来到这世上，就是为了找到对方。"

寂静星空下，古堡里灯火通明，巴尔桑与朋友们正在举办葡萄酒派对，庆祝即将到来的新年。

古堡之外，香奈儿终于明白，为什么有些人，相处一辈子依然无法灵犀相通，而有些人，却能一见如故，认出对方与自己契合的灵魂。

香奈儿从卡柏口中得知，他自小家境优渥，在英国出生，童年在巴黎度过，后又去英格兰的寄宿学校读书，少年时，就已去过世界上的很多地方。成年后，他凭借自己灵活的商业头脑和勤奋的双手赚到了很多钱。他享受着金钱带来的快乐，但从未在金钱里迷失过。

香奈儿则告诉卡柏，她经历的是暗无天日的童年。她是牧羊女的后代，是从小就被人诅咒的女孩。那些跟巴尔桑从未吐露过的往事，她就那样说给了一个萍水相逢的人听，像小心翼翼地捧着一颗真心交付对方。

她还告诉卡柏，现在的她只想去巴黎开店，想设计女帽和时装，但巴尔桑并不支持她。

来波城之前，在霍亚里越的马厩边，香奈儿就曾再次向巴尔桑提出，她想要工作。

而巴尔桑只是摇摇头，依旧不以为然："我的小可可，你真是一匹犟马。"

"一匹骡马"，巴尔桑不知道，他的那句话已经深深刺痛了香奈儿。曾经，香奈儿的姨妈们也那样说她，伴随着恶狠狠的诅咒，咒她死后草席裹身，咒她一生一事无成。前尘往事扑面而来，香奈儿强忍着泪水，纵身跃上马背，一路奔向贡比涅森林，试图让刺骨的寒风，吹散心底痛苦的迷雾。

其实，在巴尔桑看来，他可以拿出足够的零花钱给香奈儿买帽坯，她平时在霍亚里越制作帽子，修改他的衣服，他都可以容忍。不过，如果她要去巴黎开店，那么就等于她要去告诉全巴黎的人，他艾提安·巴尔桑，养不起自己的女人。

卡柏却不一样。

不仅仅是气质、喜好、素养，还有他对待女人的态度。

无疑，卡柏对香奈儿的经历产生了同情，但他更愿意拂去她卑微的身份，给她平等的尊重、真诚的鼓励和尽心的帮助，去发掘她的个人价值，让她成为自己，而不是男人的附属品。

香奈儿说："我想做帽子，我想工作。"

"你一定会成功的。"

"为何？"

"可能你会花费很多资金，但这些都无关紧要。你想要独立，想要工作，这才是真正的绝妙之处。当然，最重要的是你想要幸福。"

香奈儿继续向卡柏倾诉："现在，在霍亚里越，我已经有了三个忠实的顾客，埃米莉安娜，加布里埃·多扎特以及我自己。不过我相信,将来,我一定会有三千个顾客。"

"三万个也不多。你身上的衣服,头上的帽子,都是自己设计的吧?相信我,真的非常有品位。"

"英雄所见略同。"

卡柏看着香奈儿,眼中的笑意慢慢凝结成一种郑重的温柔:"可可,我知道你跟巴尔桑身边的那些女人不一样。你很独特。如果可以给你帮助,同时又不会伤害到你,我想我会义不容辞。"

香奈儿没有回应卡柏的后半句:"你跟巴尔桑也不一样。"

"可可,我明天要回巴黎。不过,我相信我们很快就会再见面。明年春天,我就会去霍亚里越。"

"明年春天?霍亚里越的马会不在春天。"

"我是去看你。"

香奈儿笑了起来,她感受到了空气里妙不可言的芬芳。

不过,香奈儿到底是从波城去的巴黎,还是在霍亚里越乘坐卡柏男孩的汽车去的?香奈儿告诉朋友,在波城,与卡柏互诉衷肠的那个夜晚,她辗转反侧,彻夜无眠。

于是第二天清晨,她给巴尔桑留下一张字条后,就去了火车站:

艾提安:

我走了。请原谅我,已经找到了心中所爱。

可可·香奈儿

香奈儿知道，波城到巴黎只有一班火车。当时，她什么都没有带，就像流浪的小女孩一样坐在火车站的长椅上等着卡柏男孩。

火车即将启动时，卡柏终于出现了。远远地，他向她张开双臂，她飞快地跑过去，像小鸟一样钻进了他的怀中。

真相如今依然扑朔迷离。

但可以确定的是，彼时，在波城的古堡里，在彻夜的辗转反侧中，香奈儿做出的那个选择，将成为她人生中最正确的决定。

晚年时的她曾告诉后辈，在遇见卡柏后，她才明白，原来"幸福"那个词并不是人间传说。

她不相信上帝，却愿意相信遇见卡柏是"上天的恩赐"。

遗憾的是，当她真正拥有了三千个忠实顾客，成功的喜悦已不能与卡柏分享。她便在与卡柏男孩定情的地方——比利牛斯山下，买下了那座古堡。

每次去古堡里小住，在石板路上漫步，追思过往的时候，仿佛一回头，就能看到卡柏站在她的身边，空气里飘荡着丝丝缕缕的洗革皂的香气，远处是清脆的马蹄声，一切是那么熟悉，又是那么遥远。

彼时的她，还那么年轻……

而有意思的是，那些往事的层层迷雾，细节的真假难辨，都没有减损香奈儿的形象，反而为她的传奇人生又增添了几分神秘和浪漫的色彩。

在传记作家们和记者们想要追溯前尘的时候，香奈儿已经坐上了时尚女王的位置，卡柏英年早逝，在战火中失去了所有赛马的巴尔桑，则选择为她在霍亚里越的经历保密一辈子。

但据巴尔桑的后辈说，香奈儿是在霍亚里越和卡柏男孩互生情愫的。当时，卡柏从巴黎开来了一辆汽车，并很快成了香奈儿的教练。他们开着汽车去贡比涅森林兜风，仆人们看到，坐在副驾驶座上的香奈儿容光焕发。

不久后，香奈儿主动向巴尔桑坦承，她爱上了卡柏男孩，她要跟他一起去巴黎。

巴尔桑便问卡柏："你爱她吗？"

"是的。我爱她。"

巴尔桑欲言又止。他点燃一根雪茄，慢慢控制了自己的情绪，然后拍拍卡柏的肩膀："那么现在，她属于你了，我亲爱的男孩。"

巴尔桑依然是无忧无虑、玩世不恭的巴尔桑，依然是霍亚里越的主人，享受着宝马香车、美人佳酿的生活，白日纵马，长夜笙歌。

巴尔桑和卡柏男孩也和好如初。

有时候，卡柏还会带着香奈儿去霍亚里越做客。卡柏开着汽车，香奈儿则以新女友的身份坐在他的副驾驶座上。

那时，被巴尔桑抛弃的埃米莉安娜，也同样以某某男爵情妇的身份再次回到霍亚里越，与她的旧情人开怀同饮。

或许在旁人看来,霍亚里越的美人如过江之鲫,香奈儿的离去将丝毫不会影响巴尔桑接下来的生活。

但实际上,这件事还是给了骄傲的巴尔桑沉痛的一击。

直到真正失去香奈儿之后,他才发现自己对她的感情早已超出了喜欢的范畴,他深爱着她,也对卡柏男孩轻易俘获她的芳心一事,妒火中烧。

从某种意义上来说,他成了被抛弃的人。

若不然,爱马如命的他也不必跑到阿根廷去修复心伤。那段时间,任何人都联系不到他,包括为他照顾纯血马的骑师们。

从阿根廷回来后,巴尔桑送了香奈儿一袋产自南美洲的柠檬,祝福她和卡柏男孩天长地久。

当然,还有另外一份分手礼物,那就是巴黎马勒塞布林荫大道160号的使用权——那是巴尔桑众多房产中的一套公寓,他将永远不会向香奈儿收取租金。

对于巴尔桑的慷慨与情义,香奈儿一生都心怀感激。她一直珍藏着巴尔桑送给她的礼物——多年后,当她最为疼爱的侄孙女问起那些礼物时,她说:"是一个对我很重要的人送的。没有他,就没有我现在的一切。"

但她也一直声称自己从未爱过巴尔桑。

她知道,无论是巴尔桑,还是卡柏男孩,他们对自己的感情里,自始至终都带着同情。

"巴尔桑和卡柏都很同情我。在他们眼里，我是可怜的小乡巴佬，是被家庭无情抛弃的小麻雀。但我其实是一只猛兽。"

"猛兽"香奈儿的确让巴尔桑饱尝了被朋友抢走情人的挫败与痛苦。

甚至有一种说法，香奈儿凭借自己的魅力和手段，巧妙利用了巴尔桑和卡柏男孩两人之间的醋意，达到了拥有一家小店的目的。

只是彼时的巴尔桑并不明白，香奈儿为何要放弃捷径，选择那么艰难的一条路。因为，在那样的年代，像香奈儿那样的女人几乎是不可能独立的。

所以，香奈儿要做的，不仅要挣脱命运的绳索，还要打破性别的规则。

她不仅要找到自我，还要打开一片新的世界。

而那套公寓，也将成为香奈儿事业的起点，见证她在最不缺女帽店的巴黎，一路披荆斩棘、乘风破浪的岁月。

"天造地设的一对璧人"

与其说,卡柏被香奈儿吸引,不如说,他们找到了与"同类"相爱的幸运。与其说,卡柏给了香奈儿自信,不如说,他给了她一颗"懂你"的真心。

1908年的某个夜晚,巴黎月色倾城,霓虹闪烁,每一条街道深处,迷离的光影间都是流动的盛宴。

马克西姆餐厅——巴黎城中最有名的餐厅之一,贵族们经常光顾的地方,一场宴会正在举行。内厅里衣香鬓影,名流云集,人们推杯换盏,舞姿蹁跹,在酒精的麻醉和缠绵的音乐中,尽情享受着微醺的惬意,以及绮梦一般的温存。

这时,一位姗姗来迟的美人吸引了所有人的目光。

在那样的环境里,美貌并不是稀缺之物,美人也足够娇媚动人,但真正让人眼前一亮的,却是她头上戴的那顶帽子——一顶窄檐的硬草帽,帽子上所有的装饰加起来,也不过是一圈黑色缎带和几枚白色的珍珠。一切删繁就简，帽子将她脸部的轮廓完美地展现在了人们面前，又给她增添了几分少年的气质，让成熟的她在反差间散发出一种脱俗的魅力。

是的，那顶偏中性风的帽子下，正是埃米莉安娜那张细腻如羊脂般的明艳脸庞。

而当晚宴结束，那些头戴"宏伟建筑"的女士都选择不经意地路过埃米莉安娜的身边，询问她的帽子是来自哪一家女帽店，或者是出自哪一位设计师之手。

"马勒塞布林荫大道160号，可可·香奈儿。"埃米莉安娜漫不经心地说。

香奈儿记得，在霍亚里越时，巴尔桑就曾劝诫她："巴黎最不缺的就是女帽店。"当她来到巴黎，逛遍百货商城以及一家又一家的女帽店，看着那些琳琅满目的女帽，确实倒吸了一口凉气。

她要如何突出重围？

彼时，从巴黎到整个欧洲，帽子不仅是生活的必需品，也是身份和财富的象征。在巴黎的任何一条街道上，一位女士如果不戴帽子出门，都会被认为有失体面，不符礼节。通常，即便是衣衫褴褛的人，头上也会戴着一顶帽子。

上流社会的人们对帽子的装饰更可谓是竭尽所能。如果你走在20世纪初的巴黎大街上，看到那些贵妇各自头顶一座"小型博物馆"，请你一定不要觉得惊奇。香奈儿曾在赛马场的观众席和霍亚里越的派对上看过太多那样的帽子，现在，每一条车水马龙的大街，每一场灯红酒绿的宴会，香奈儿将再次被那样的帽子包围。她嘲讽那些帽子是层层叠叠、摇摇欲坠的"宏伟建筑"，因为那些帽子上不仅点缀着大量的珍稀动物的皮毛，各种宝石和名贵布料，还有夸张的果实、花朵、树枝和蕾丝……帽檐的尺寸也变得越来越大。

香奈儿不禁向卡柏男孩抱怨道："可怕的是，她们的帽子根本无法把头套进去……千篇一律的华丽，就是肤浅。"

在她看来，女人们戴着华丽、夸张的大帽子，本身是为了吸引人们的目光，但她们却不知道，戴上那样的帽子只会喧宾夺主，帽子上繁杂的装饰也是画蛇添足，要么掩盖了光芒，要么拉低了品位。

她认为，人类发明帽子就是为了享受帽子的价值。帽子是点睛之笔，绝非累赘。帽子上的装饰，用羽毛，一根即可；用花朵，也点到为止。一顶合适的帽子，是完全可以诠释个性的。

找准自己的定位后，香奈儿的女帽店很快开张——马勒塞布林荫大道160号，香奈儿品牌史上的第一座里程碑，就此诞生了。

在那里，巴尔桑是她的房东，卡柏是她的担保人——他在银行里开通了一个账户，专门用来管理女帽店的资金。香奈儿负责从百货商店进货，每天在无数的帽坯间穿针引线。日子过得非常忙碌，但爱情和事业都在眼前，再忙碌的日子，也是寸寸可得欢喜。而她那桀骜不驯的个性和"点石成金"的才华，也终于有了真正的用武之地。

要知道，曾经在霍亚里越，每天都会有从巴黎送来的报纸，却只有香奈儿，细细阅读过每一期的时尚专栏，悉心研究女性的喜好与上流社会的女士们的穿戴习惯。

在修道院的那些日子，则养成了她简约、清冷，带着距离感和神秘感的审美雏形。

她将自己的人生经历淬炼成敏锐的艺术感知力和共情力并带到了作品中，又凭借曾经日复一日苦练的缝纫技艺，努力将作品做到独一无二，无可取代。

香奈儿昔日在霍亚里越结识的交际花们则成了她的第一批顾客。

譬如，埃米莉安娜就很喜欢戴着香奈儿设计的帽子在宴会和沙龙上摇曳生姿。她自信地说，自己有一百种方法让巴黎的女人们爱上她的帽子。为了表示感谢，香奈儿告诉埃米莉安娜，只要是她看上的帽子，无论价格几何，一律免单。

看着自己的顾客日益增多，香奈儿也越发相信，自己当初选择的路是对的。

香奈儿还写信到穆兰，邀请已经长大成人的小妹妹安托瓦尼特来做她的助手。她曾经在离开奥巴辛的时候说，会照顾安托瓦尼特一辈子。现在，是她兑现承诺的时候了。

安托瓦尼特是一位可爱的姑娘，圆圆的脸蛋，亮晶晶的大眼睛，个性活泼，聪明伶俐。在姐姐的女帽店里，她很受顾客喜爱。不过，在人生规划上，她并没有什么野心，她可以在穆兰城的裁缝店里为微薄的工资而勤勤恳恳地工作，也乐意在巴黎享受姐姐的庇护。可贵的是，童年的经历并没有带给她太多的阴影，她看起来就像是一个无忧无虑的快乐精灵。

是的，自始至终，香奈儿与她的姐妹们就不一样。

她是个天生的野心家。

就像她的妹妹一脸歆羡地看着她在巴黎的女帽店，以为她的人生已经到达了巅峰，却不知道，她要做的，并非仅仅是在巴黎站稳脚跟，拥有一家店铺，而是要开启一个全新的时代。

在这一点上，正如香奈儿所说，她和卡柏男孩是"天造地设的一对璧人"。

"我们为彼此而生。"多年后，香奈儿如此告诉朋友莫朗，当她回忆起曾经和卡柏在巴黎度过的那些幸福时光时，声音也开始变得温柔。

来到巴黎不久后，香奈儿就搬进了卡柏在马勒塞布树荫大道的寓所。

一个人的房间，就是一个人精神的倒影。香奈儿就这样走进了卡柏的精神世界。在卡柏的寓所里，香奈儿第一次听到东方的炼金术、瑜伽、茶道和书法……

她看到壁柜里摆满了图书，许多都是关于宗教、玄学和哲学方面的。

她看到了日本的绢画，上面的天神与佛陀眉目低垂，仙容正大。

那也是她第一次见到乌木漆面屏风。

她不禁惊呼起来:"真美啊!"

在此之前,她还从未如此评价过任何物品。

卡柏告诉她,那些屏风来自遥远的中国,每一寸纹理里,都承载着神秘而古老的东方风情。

她细细端详着屏风上雕刻的仙鹤、松树、凤凰、梅花鹿、芍药、莲花、山茶……还有笔画犹如刀锋的汉字,一切都令人沉迷不已。

从此之后,她便深深爱上了乌木漆面屏风。她一生在战火中辗转多次,但无论去哪里安家,她都要带上那些珍贵的中国屏风。她喜欢学着卡柏男孩的样子,用屏风把自己包围起来,单独营造出一个小小的空间,在里面安静地读书,或者进入冥想,享受私密的异域空间。

是卡柏男孩让香奈儿明白,即便是再亲密的两个人,浓情蜜意中,也需要恰到好处的孤独。

独处,是感情和生活中不可或缺的奇妙调剂品。

为此,卡柏男孩教会了香奈儿冥想术。

卡柏认为,冥想可以让人获得心灵的平静和智慧,以及更为敏锐的知觉,最后抵达众妙之门。

在那些乌木漆面屏风间,卡柏在香奈儿耳边喃喃而语:"人的肉身是为灵魂服务的,请相信肉身轮回,灵魂永存,心灵的自由与宇宙同在。"

而在香奈儿的私密物件中,有一本备忘录就是卡柏曾经为她亲手写下的经文摘要。那些长短不一、佶屈聱牙的句子,都被卡柏细心地用法文或英文翻译过,并做好了注释和笔记,以供香奈儿参阅,也让她进入冥想的道路可以为清晰。

香奈儿在莫朗面前回忆卡柏男孩——

"他是一个非常坚强，个性独特的人，他生性热情而执着。他不断训练我，他发掘了我身上独一无二的东西，摒弃了其他的特点。三十岁的时候，很多人都在挥霍着自己的财富，而卡柏男孩却已经通过煤炭运输建立了经济基础。他有一支马球队。他是伦敦最有才干的人之一。对我来说，卡柏男孩就是我的父亲，我的兄长，我的家，我生命中的一个奇迹。"

她把自己描述成了一个羞涩的小女孩，"外省的野孩子""不听话的小姑娘"，声称自己初到巴黎时，曾感到极为恐惧。而且，通过巴黎，她看到了自己的无知。她什么都不懂，不懂社交中的细微差别，各个家族的暗语、丑闻和故事。巴黎的一切都无法在曾经读过的书本上找到。

她说："我总是说实话，我有着与年龄不相配的冷静判断力。我能猜出什么是虚假，什么是庸俗，什么是恶……我的骄傲让我不能去询问，因此，我一直处于无知之中。"

香奈儿还告诉莫朗，在巴黎，她和卡柏从不一起出门，因为他们尚未结婚。

实际上，谁不认识他们那"天造地设的一对璧人"呢？

在漫画家塞姆的笔下，卡柏男孩成了强壮的马人（上半身为人，下半身为马），他赢了一场球赛，正挥舞着球杆，以胜利者的姿态回应着观众的欢呼。他怀中的香奈儿则身着粉色的礼服，泫然欲泣，显得楚楚可怜。

香奈儿和卡柏男孩的罗曼史也给作家保罗·莫朗带来了灵感。莫朗创作了小说《路易斯与艾莲娜》，邀请她的灵感女神对号入座。小说的扉页上坦承了一切："致可可·香奈儿，透过卡柏男孩的影子，我创造了男主角路易斯。"

我们也可以在莫朗的小说中，窥见香奈儿与卡柏在巴黎的生活，以及香奈儿从一个默默无名的女帽商成长为时尚大师的点点印记。

艾莲娜和香奈儿一样，也是身材娇小的美人，有着健康的小麦色皮肤，喜欢穿黑色泳衣，就像一只美丽的黑豹，伺机而动，一击即中。对于爱情，她从不为自己追求所爱的疯狂举动而后悔。

和卡柏男孩一样，路易斯对赚钱永远有着浓厚的兴趣，经常忙得没有时间吃饭。他睡眠的时间极短，可以一边开车一边用餐。在工作上，他手段高超，杀伐果断；在生活中，他为人坦诚，富有激情。他穿梭在商界和上流社会间，打拼事业，追逐爱情，一切游刃有余。

小说里还保留了许多耐人寻味的情节。

譬如，在一些高级场所，路易斯很少穿礼服，而是选择休闲服，如此便显得他越发年轻，充满活力，让那些穿着低胸礼服的美人倾心不已。

譬如，路易斯被艾莲娜的桀骜不驯所吸引，却喜欢改造他所征服的女人，提升她的修养。

而在现实中，卡柏同样对香奈儿的影响非常之深。

香奈儿曾告诉她的后辈："永远不要瞻前顾后。请你相信自己的直觉，直觉最为忠诚。"

因为昔日卡柏告诉她："不要瞻前顾后。不要被别人眼中的你误导了方向。你要做的，就是了解自己，成为自己。"

曾有人猜测，卡柏仿佛是预知了自己英年早逝的命运，所以才那般尽情燃烧自己的人生。而他的辉煌，已经抵达了许多人一辈子都无法抵达的高度、广度和深度。

他果敢、自信、敏锐，喜欢挑战未知的领域，喜欢征服的快感，喜欢创造，喜欢开拓，是个十足的冒险家和野心家。

他到处寻求商机，一再扩大商业版图，频繁结交上流社会的贵族、各个领域里的佼佼者，都是为了实现他"成为自己"的远大抱负。

然而放眼世间，又有多少人终其一生，成为自己，为自己而活呢？

是的，那么多的人活着，有人为了权，有人为了钱，有人为了爱，有人为了恨，也有人为了欲望。

香奈儿知道，欲望是一枚小小的种子，日复一日地长出茂密的枝叶，长成参天大树。她要做的，就是以枝叶燃起炉火，照亮自己，同时不被浓荫所遮蔽。

她将死死守护着多年前那个想要出人头地的苦孩子的倔强，心怀对成功的渴望。

卡柏呢，证明自己，向更高处进阶，同样是他的执念。

而在她面前，卡柏可以扮演父亲的角色，教她上流社会的圆融之道，带她识别商界尔虞我诈的丛林法则，也可以显露本真，成为纯洁的少年，为她痴迷，极尽浪漫。

卡柏男孩把事业看得极重，但他与香奈儿有一个约定，就是无论多忙，他都会尽量抽出时间与香奈儿共度良宵。

在巴黎的多少日日夜夜，卡柏的脚步声都是她翘首以盼的人间欢愉。

香奈儿也记得当初在霍亚里越，她将巴尔桑的外套和衬衫改成骑马装时，巴尔桑强忍怒火的样子。

但在巴黎，卡柏男孩却会露出笑容，就像看着一个乡下小姑娘打开了糖果的柜子。

他会温和地向她提出建议，告诉她哪里还可以改得更优雅一些。

他一再重复——优雅是永远不会过时的，优雅也与自由永不相悖。无论是设计服装，还是设计女帽，都请听凭你的直觉。即使走在大街上，被人扔鸡蛋又怎样？不去尝试，就永远不可能了解自己的长处，认清自我的需求。

为此，有人把影响了香奈儿的卡柏男孩比作"皮格马利翁"——一个爱上自己雕塑作品的男人。

皮格马利翁是希腊神话中的塞浦路斯国王，也是一名雕刻大师。

他不爱凡间女子，便用自己非凡的技艺，用象牙雕刻了一尊梦想中的少女。他给象牙少女起了名字，送给"她"珍珠和鲜花，柔情与蜜意，日夜祈求神灵，让"她"成为自己的妻子。爱神终于被他打动，便赐予象牙少女生命，并让他们结为了夫妻。

但是，在香奈儿身上，我们倒是的确看到了皮格马利翁效应，即"期待效应"。她在卡柏的影响下迅速成长，同时，也在不自觉地接受他的影响和暗示。

他教会了她雷厉风行的办事方式，积极向上的处世态度，塑造了她优雅脱俗的审美取向，也让她成了她真正想成为的那种人。

或者，与其说是卡柏男孩塑造了香奈儿，不如说香奈儿本身是一块未琢之玉，来到巴黎之后，是卡柏把她变成了艺术品。

香奈儿在巴黎取得了初步的成功。不过多年之后，她却告诉莫朗，她在巴黎的成功，其实是始于一次晚宴。

刚到巴黎时，香奈儿就知道，卡柏男孩的女性朋友们都不喜欢她。她们认为是她抢走了卡柏，使卡柏疏远了她们。

一次，香奈儿小声对卡柏说："我没有你的朋友们漂亮。"

卡柏说："是的。你不是她们，你不像她们中的任何一个。但是你的美，无人能及。"

曾经在维希，香奈儿还被同行嘲笑，身材不够丰腴，肤色不够白皙，像一个异国的难民。

但在卡柏男孩的眼里，香奈儿是世界上最性感的女人。因为香奈儿希望活成自己，敢于创造自己。

一个活在别人眼中的女人，无异于提线木偶，又有何性感可言？

于是，香奈儿告诉世人："我喜欢孤独。我崇拜美。我讨厌仅仅只是漂亮的东西。"

想一想，这句话也真是颇有深意。

那一天，卡柏本来要去参加多维尔俱乐部的一个宴会。她心血来潮，非常任性地让卡柏陪她去参加巴黎的一场晚宴。

卡柏只好放弃多维尔之行。

于是，那天晚上，手挽手出现的他们便成了万众瞩目的焦点。

香奈儿的出现，更是让宴会上那些漂亮的女人察觉到了一种未知的威胁。

香奈儿穿的是一条自己设计的白裙，款式非常简洁，几乎没有任何装饰，然而，却是那么美妙。

有人在她耳边轻轻留下了一句："你给我带来了这一生中最大的震撼。"

然后，一个英国女人忍不住说道："我明白了，卡柏男孩就是因为她而抛弃了我们。"

其他的女人也纷纷用玩笑话表达着她们的妒忌："男孩，快离开你身边那个小个子女人吧！"

香奈儿笑了。她顺水推舟，顺势把卡柏推向女人堆里。

她们依然在他耳边重复："离开那个女人。"

卡柏回到香奈儿身边："那不如砍掉我的一条腿吧。"

"卡柏男孩只喜欢那个外省的野孩子的陪伴，他只喜欢追随他而来的那个不听话的小姑娘。"

或许是吧。

与其说，卡柏被香奈儿吸引，不如说，他们找到了与"同类"相爱的幸运。

与其说，卡柏给了香奈儿自信，不如说，他给了她一颗"懂你"的真心。

对于香奈儿而言，初到巴黎的她，如果说在成为自己，获得金钱和名利之外，世上还有一种成功，那应该就是——全世界的女人都爱他，但他只爱我一个人。

选择骄傲，就要付出受苦的代价

卡柏再好，香奈儿也不愿意活在他的光芒和羽翼之下，成为他的附属品。有人说，香奈儿把爱过的男人当成踏脚石，但对于香奈儿而言，卡柏更像是助她起飞的风。

1910年1月1日，康朋街21号，香奈儿新店开张。

如果当时有一双眼睛可以俯瞰巴黎第一区，我们会发现整个区域就是一张以旺多姆广场为中心的星罗棋布的大网。

而康朋街21号，正是其中那枚闪耀的新星。

"香奈儿，时尚"是新店的招牌，也预示着香奈儿的事业已迈上了一个新的台阶。

香奈儿为何要将女帽店搬到康朋街呢？

除了康朋街21号位于巴黎的中心地带，比巴尔桑的公寓更大、位置更好、更适合扩大女帽店的规模之外，还有一个很重要的原因，那就是香奈儿想彻底走出巴尔桑的羽翼，以及由他人馈赠和扶持的局面，实现个人意义上的真正独立。

在香奈儿本人的叙述里，则有着一个较为浪漫的版本——

入驻康朋街之前，她依然是一个什么都不懂的来自外省的小姑娘，整日只会与针线打交道。

一天，她透过工作室的玻璃门，看到了一名穿着长裙的女士。那位女士的裙摆非常长，就像一个长长的拖把，颜色可谓艳丽缤纷，仿佛是打翻了的调色板，或者是把一段彩虹搅碎在其间。

但她看在眼里，只觉得那裙子上的千万种精美的颜色都是无比枯燥乏味，连同那个长裙摆，空余矫情做作。

如此，再稀有的面料，再昂贵的做工，也让裙子变得庸俗起来。

裙子的主人渴望精致，却不知道自己的穿着越发凸显了内心的空洞。

那一刻，香奈儿脑海中便也出现了一段"被长裙摆打翻了的记忆"——如果身处孩提时代，她一定会被长裙的美丽所折服，发出惊叹。

从童年向青春过渡时，她曾朝思暮想，渴望拥有一条淡紫色的长裙，和小说里描写的那种长裙一样，点缀着手工制作的层层叠叠的紫罗兰花束，腰身不盈一握，衣领有鲸须支撑，裙摆长长，就像一个清扫机器，收集无数仰慕者的目光。

她想象着如何在做弥撒的时候,将裙裾挽在手臂上——那是多么的优雅而高贵呀!她还想象着自己如何穿着那条紫色长裙招摇过市,让所有人惊叹不已,以满足自己小小的虚荣心。

后来,她真的得到了一条那样的淡紫色长裙。但就在她穿着盛装,准备出门做弥撒的时候,被姨妈勒令:"你上楼去换裙子,不必去做弥撒了。"

她哭了,伤心欲绝。

如果说,那是她人生中第一次自我尝试的礼仪课和时尚课,那么,她算是彻头彻尾地失败了。

不久后,她被送去修道院,继而是教会学校,在满目黑白的世界里度过了幽闭的青春。

修女嬷嬷和学校的老师都曾告诉她,简朴才是世间最神圣的美。

来到巴黎之后,她意识到一个时代即将过去——那种烦琐的奢华,已经到了该消失的时候了,就像早早意识到华丽的风格并不合适每一个女人。

合适,才是最好的风格。

她钟爱简朴,崇尚自由,从服装到心灵,她创造出了一种与众不同的魅力。

她很明白,就是那种魅力,吸引了巴尔桑和卡柏男孩。

而这一点,在几年前,她就取得了成功。

所以,当她身穿自己的设计作品,把"我要兼营服装"的想法告诉卡柏男孩时,卡柏再次站到了她的身边:"既然你想去做,又是如此坚定,那我就请一位英国裁缝把它们改得更优雅一些。"

"如此,康朋街的一切便诞生了。"可可·香奈儿,康朋街21号的店主,巴黎最年轻的时尚设计师——这一年,她二十七岁。

这一年,香奈儿找到了自己的风格,决心重新定义时尚。

卡柏男孩则为香奈儿的新店垫付了租金。

开业那天,站在门店前,看着人来人往的街道,香奈儿对她的情人强调:"这笔启动资金是我向你借的。相信用不了多久,我就可以还给你。"

卡柏男孩笑道:"我永远相信你的才华。"

实际上,从开业到出现亏损,再从扭亏为盈到还清启动资金,香奈儿一共只用了两年的时间。

在香奈儿的人生中,1910年,也就是康朋街21号开业后,其实还发生了一件大事。

她的姐姐茱莉亚去世了,这给了她沉重的一击。

尽管很多年前,香奈儿似乎就可以预见茱莉亚的未来——她的姐姐可能会像很多底层女人一样,结婚生子,度过平淡无奇的一生,却如何也不曾想到,姐姐会以那样极端的方式离去。

当年在穆兰城,负责给祖父帮忙看摊的茱莉亚曾被一名军官热烈追求。不久后,他们迅速坠入爱河。和她的母亲一样,茱莉亚也是未婚先孕，继而遭遇恋人的消失。茱莉亚大哭了一场，但只能匆匆嫁人。她选择的新郎叫安托万·帕拉斯，时年二十八岁，是一个经常在穆兰城出没的流动商贩。没有人知道安托万的性格如何，他只是安德烈·帕拉斯的出生证明上"父亲"那一栏的名字。

是的，安德烈就是茱莉亚在1904年秋天生下的小男孩，也是香奈儿一生中最爱的亲人。茱莉亚自杀时，她的丈夫不知身在何方，她的儿子还未满六岁。多年后，香奈儿告诉安德烈的女儿，她的外婆茱莉亚曾在雪地中打滚以求一死。茱莉亚的婚姻很不幸，她患有肺结核，并且有严重的抑郁症。

得到消息后的香奈儿伤心至极。

她决定抚养姐姐的遗孤，担起"母亲"的责任与义务，给安德烈最好的照顾。

在安德烈面前，卡柏男孩很自然地担任起了父亲的角色。他很疼爱安德烈，并把安德烈送到了英国博蒙特寄宿学校读书。那是英国最好的天主教学校，卡柏曾在那里度过了小学阶段。

每到放假的时候，安德烈就会回来与他的姨母团聚。

直至去世时，在办公室抽屉的文件夹里，香奈儿还留着她和安德烈的合影。照片上，她露出灿烂的笑脸，将安德烈拥在身边。安德烈穿着体面，和他的可可姨母有着极为相似的眉眼。

香奈儿有多爱安德烈呢？或许就像她说的，她可以为了安德烈赴汤蹈火。

为此，经常有媒体猜测，安德烈是香奈儿和卡柏男孩的私生子。

原因是安德烈长得很像香奈儿，卡柏男孩更是将安德烈视为己出，就像养育自己的孩子一样养育安德烈。

实际上，外甥长得像姨母，并没有什么说不过去的地方。而且，安德烈出生的时候，香奈儿还不认识卡柏男孩。

至于媒体如此猜测，除了博取眼球之外，也看轻了香奈儿与卡柏男孩之间的感情，以及卡柏男孩的心胸与情义。

只是即便卡柏再好，香奈儿也不愿意活在他的光芒和羽翼之下，成为他的附属品。

有人说，香奈儿把爱过的男人当成踏脚石，但对于香奈儿而言，卡柏更像是助她起飞的风。

1910年，收拾好亲人离世的悲痛情绪后，香奈儿将所有的精力都投入到了她的新店中，生意也做得蒸蒸日上。

但在此期间，曾发生过一段小插曲。

几十年过去之后，在朋友莫朗的面前，香奈儿还能回忆其中的每一处细节——

一天晚上，卡柏男孩带香奈儿去圣日耳曼参加宴会。

夜色温柔，情人在侧，又想到新店生意红火，利润滚滚而来，香奈儿的心情好极了。

"新店生意进展得非常顺利，我今天又赚了一大笔钱。原来赚钱如此容易，我只要签签支票就可以！"香奈儿对卡柏说道，言语间难掩骄傲，以及她没有立即察觉到的虚荣。

"很好，可可。但你知道成本多少，账目几何，支票是怎么来的吗？"卡柏神色凝重。

"我不知道，我只关心我的作品，帽子好不好看，衣服合不合身。我喜欢听人们叫我'小姐'，尽管这听起来有些幼稚。"香奈儿回应道，心里总觉得有些扫兴。

"是的，这些都很好。但是你不知道，你欠了银行很多钱。"

"怎么可能？我分明赚了很多钱。不然银行怎么会无缘无故地借钱给我？"

"你取再多钱，银行也会给你。因为我以劳埃德银行合伙人的身份存下了证券，为你担保。"卡柏笑了。

"你是在嘲讽我吗？意思是那些钱都是银行的，并不是我赚的？"香奈儿心跳加速。

"店铺一直在亏损，我昨天还接到银行的电话。"

"银行为什么不打给我？"

"他们说你在银行里提的钱太多了……但是亲爱的可可，这并不重要……"

"不，这很重要。"香奈儿打断卡柏的话，"这说明我一直在依赖你。"

她心口一痛，只觉得失望透顶。然后，她头也不回地向圣日耳曼走去，将卡柏远远抛在身后。

宴会上，时间一分一秒流逝，她如坐海底，四周空气密不透风，只余阵阵心痛。

她想起自己为公寓添置的美丽家具，给辗转联系上的阿方斯和吕西安寄过去的钱，为卡柏购买的礼物……原来那些所拥有与给予的，都不是开店的利润，而是卡柏的钱，想到此，她便更加羞愤难当。

她要求提前回去。

从圣日耳曼出来的时候，城市上空突然下起了雨，伴随电闪雷鸣，一如她的心绪。

卡柏陪在她的身边，依然保持着优雅。

但在那一刻，她突然有点憎恨身边那个一直为自己付钱的男人，憎恨他的优雅，他的教养，他的滴水不漏，他的金刚不坏之身……仿佛那一切都是温柔的牢笼。

而她，站在他面前，方寸大乱，就像一个狼狈的小丑。

在风雨中，她气急败坏地把手袋狠狠砸向卡柏，毫无头绪地在街道上乱走。

"可可，你怎么了？"卡柏追在她的身后，请求她理智一点。

在康朋街的街角，卡柏追上了她。

那时，他们全身都已被大雨淋湿，脸上淌着水。香奈儿蹲在地上，开始悲伤地抽泣。

过了许久，雨终于停了，香奈儿也不再哭泣。卡柏把她带回家，叹息道："可可，你太骄傲了……你会因此而受苦。"

第二天清晨，香奈儿早早来到店铺。

她郑重地告诉店员，她开店不是为了消遣，不是为了胡乱挥霍。从此之后，没有她的允许，任何人都不必为她担保，哪怕是一个生丁。

而她也不会躲在时尚设计师那个身份的保护壳里不问世事。她会学习管理店铺，对店里的每一笔收入和支出都了如指掌。

如此，一年之后，康朋街21号的利润足以支付一切的开销。

也就是说，从那时起，卡柏的担保已成了摆设。

从此之后，整个局面都扭亏为盈，扶摇直上。

这段插曲带给香奈儿的启示就是，她不怕受苦，也不怕受累，因为她意识到天上不会无缘无故掉馅饼下来，想吃馅饼，就应该自己和面，自己制作。

只有努力工作，才能让人成功。

她还说："骄傲是一件好事。但从那天开始，我就知道，我那无忧无虑的青春已经彻底消失了。"

的确，如果你做一件事情，顺利得不可思议，那么很可能有人在背后为你悄悄承担了风险。

选择骄傲，就意味着你要狠心切断依附情人的捷径，跳出别人为你提供的舒适圈。

选择骄傲也意味着你要有匹配守护骄傲的能力，要承担风险和责任，要付出受苦的代价。

否则，你的骄傲将一文不值。

不仅如此，还会让你一次一次感受到自己的无能，将你一步一步推向更为痛苦的深渊。

而她要做的,就是要用自己赚的钱,把自己从往事的深渊中救赎出来,获得自己的认可,赢得世人的尊重。

波伏瓦有一句话:"女人的不幸就在于她受到几乎不可抗拒的诱惑包围,一切都促使她走上容易走的斜坡。人们非但不鼓励她奋斗,反而对她说,她只要听之任之滑下去,就会到达极乐天堂。当她发觉受到海市蜃楼的欺骗时,为时已晚。在这次失败的冒险中她的力量已经耗尽。"

香奈儿早就明白了这个道理。她也明白,一个女人,只有获得了经济的独立,才能让自己的内心获得真正的自由。

因为她想做的,从来都不是一个等待王子来拯救的灰姑娘,而是一个可以创造时尚王国,为自己命运做主的女王。

第三章

自由是最好的时尚

"时尚存在于空气和道路,存在于天空与风。时尚就是懂得诠释自由。"

——可可·香奈儿

香奈儿，她是追梦者，也是造梦者。彼时，她又成了售梦的人。

时尚是内心的态度，时尚是懂得自我诠释，时尚也是获得自由，忠于自我。

这样的潇洒，是一种为人处世的态度，是一种天生的骄傲，也是一种凭借自己的努力，将命运掌握在自己手中，不被他人主宰、不被时代的洪流淹没的底气。

时尚是内心的态度

对于女人来说，可以经得起时间的考验，可以模糊掉自身的年龄，可以令同性歆羡，令异性倾倒，令自己欢喜的魅力，就像是一场梦。香奈儿，她是追梦者，也是造梦者。彼时，她又成了售梦的人。

20世纪20年代，巴黎时尚大师保罗·波烈在接受记者采访时曾说过一段话："我承认，那个时候，我们都不曾真正提防过那个'男孩头'，认为她根本不足以成为我们的对手。然而很遗憾，我们都错了，她好像拥有某种魔法，可以不断地从她那顶魔术师的小帽子里变出各种各样的精品来。她不断创造着时尚，冲击着巴黎。"

在这段话中，保罗·波烈所说的"我们"，就是垄断巴黎服装业的那些"时尚巨头"。

譬如，巴黎高级时装业的开创人查尔斯·弗雷德里克·沃斯——如今，高定时装和每年举办时装发布会等一系列的经营模式，还能从沃斯在1858年创建时装店，雇用的第一批模特来展示作品的方式中找到源头。

又如雅克·杜塞，他是"美好年代"里最有名气的时装设计师，也是一位艺术品收藏大师。艺术为他打开了灵感之门，收藏是他的毕生追求。他对艺术品的热爱已经渗透到了他所有的作品中。他为宫廷和上流社会的女性们设计服装，巴黎城中那些奢华到极致的美丽裙装多是出自他手。

保罗·波烈，作为杜塞的得意门生，则是开创了一个色彩缤纷、流光璀璨的服装世界。他喜欢的面料，必须像阳光在水中的投影一般柔软而灿烂。他才华横溢，也挥金如土；他极负盛名，也数次破产。

如波烈所说，在很长的一段时间里，他对香奈儿都保持着不屑的态度。"不足以成为我们的对手"，换言之，也就是一个来自外省的野丫头，"不配成为我们的同行"。

巴黎的时装界曾流传过一个传言，可信度见仁见智。据说20世纪30年代初，有天在巴黎的街道上，保罗·波烈与香奈儿狭路相逢。

波烈拦住身穿一袭黑裙的香奈儿，轻蔑地问："小姐，请问你在为谁默哀？"

香奈儿毫不客气地反击："当然是为你啊，亲爱的保罗·波烈。"

没想到，香奈儿竟然一语成谶——1935年，波烈第三次宣告破产，随后患病卧床，直至郁郁离世。

是的，波烈口中的"男孩头"，就是香奈儿。

香奈儿不是预言家。

只是不管波烈身处什么样的位置，是风光无限，还是无人问津；

也不管自己是初出茅庐,还是以"时尚设计师"的身份与"时尚巨头们"正面交锋,她的态度都从未改变。

面对挑衅,她将毫不手软。

当然,康朋街21号的生意做得红红火火的时候,香奈儿还是乌发及腰,眼中有星辉,也有秋水。

1910年10月,《戏剧画报》上刊登了两张香奈儿的照片。

那是香奈儿第一次在杂志上"露面",也意味着她正式成为被纸媒认可的时尚设计师。

从照片上可以看出,香奈儿有意在展示自己设计的帽子。她成了自己作品的最佳代言人——

一张是低眉浅笑,宽大的帽檐让她的小脸显得越发娇俏,帽子上的白色羽毛与她的白色花边衣领呼应,又让她有了一种高贵又天真的气质。

另一张是迷人的侧影,她眺望远方,眼睛里仿佛藏着婉转的心事,黑色的帽子搭配黑色的羽毛,映衬着她有意露出的一截白皙的天鹅颈,也让她散发出优雅的魅力。

《戏剧画报》用一段简短的文字介绍了可可·香奈儿:"巴黎崭露头角的时尚设计师,她的作品有着独特的格调。"

随着越来越多的贵族与名流拥入康朋街21号,媒体对香奈儿的报道便不再克制。

女演员加布里埃·多扎特是香奈儿曾经在霍亚里越结识的朋友，也是香奈儿的忠实顾客。

多扎特曾穿着香奈儿设计的服装登上了法国最具影响力且备受上流社会追捧的《时尚》杂志，此举无疑让香奈儿的声誉更上一层楼。

媒体趁热打铁地评价道："越来越多的漂亮女性爱上了可可·香奈儿那独一无二的设计风格。她的想象力是如此具有启迪性。简约的款式，优美的线条……一切令人赏心悦目。实质上，体现了自信和精致的品位。"

时尚记者们称香奈儿是"眼光独到的青年艺术家"，并预言她不久将在时尚界占据主导地位。

1912年，多扎特又以当红影星的身份戴着香奈儿设计的帽子出现在了《潮流季刊》上。接着，多扎特还将香奈儿的作品带到了她的新戏中——在沃德维尔剧院，莫泊桑的《漂亮朋友》被搬上舞台，女主演多扎特头上戴的正是来自康朋街21号的帽子——一顶没有任何羽毛饰品的草帽，宽檐侧向一边，流畅的线条勾勒出多扎特娇艳的脸庞，却意外地让多扎特气质倍增，出现了一种在女孩与女人之间摇摆不定的魅力。

其实，当时香奈儿的许多作品都带着那样的魅力，简洁干净的少年气质，混合着从青春期的女孩到成熟女人之间的气息。

或许对于女人来说，可以经得起时间的考验，可以模糊掉自身的年龄，可以令同性歆羡，令异性倾倒，令自己欢喜的魅力，就像是一场梦。

香奈儿,她是追梦者,也是造梦者。彼时,她又成了售梦的人。

香奈儿曾为多扎特的朋友、巴黎著名的交际花苏珊·奥兰迪设计了一条黑天鹅绒的长裙,那条长裙就是许多女性想要拥有的梦。衣领是女童式的白色细麻布花瓣领,裙身的线条如同从钢琴里流泻出来的音符。颜色黑白分明,让人想起钢琴上的黑白琴键,又如修道院那个黑白分明的世界。面料却是天鹅绒,给人一种只可仰望,不可亵玩的高贵。

香奈儿告诉奥兰迪,那条裙子的灵感正是来源于一首钢琴曲。

她说:"我设计的羊驼毛织料的夏衣和羊毛呢织料的冬装,剪裁都酷似修道士的圣袍,那些优雅女士所迷恋的这种清教主义来源于蒙多尔。"

与此同时,保罗·波烈设计的"霍步裙"也正与香奈儿正面交锋。

蹒跚裙(hobble skirt),又称霍步裙,据波烈所说,该裙的灵感来源于南美洲的探戈舞步,可以尽可能地呈现女性下半身的曲线。裙子的长度到脚踝处,腰部裹紧,臀部斜开,裙摆在脚腕处骤然收窄,当女士们穿着这种裙子走路时,便只能迈着碎步,看起来步履蹒跚。

香奈儿不明白为何有人会喜欢那种"步步生莲"的时尚,甚至不惜用布条绑住双腿,来适应所谓取悦式的时尚。她认为霍步裙就是一种"泯灭人性"的裙子,连马车都上不了,就像戴着脚镣行走。

她要做的,就是反其道而行之。

接着，保罗·波烈又把俄罗斯芭蕾舞团的戏服元素加入了作品设计中。香奈儿却继续推行着她的"清教主义"——蒙多尔高原，奥弗涅山区，还有奥巴辛修道院，那些地名附带着她的成长记忆，给她带来了无限的设计灵感。

如此看来，香奈儿似乎真的拥有保罗·波烈所说的那种"魔法"。

甚至有人把她比作可以"点石成金"的迈达斯王："可可有一根金手指，她所碰到过的一切，都会变成金子。"

香奈儿的回应是："我没有金手指，我只是比任何人都努力。"

就像总会有人问香奈儿，成功的秘诀是什么。

答案其实都一样。

或许证券能让人突然拥有财富，孤注一掷的勇气能让人抓住机遇，独具慧眼的才华能让人脱颖而出，但如果想要创造一个帝国，并令其屹立不倒，没有努力这个支点，一切都是一盘散沙。

通过夜以继日的工作，香奈儿的努力很快获得了回报——康朋街21号生意兴隆，许多人都是慕名而来，声称喜欢她的设计风格。

因为在香奈儿出生前，人们还不知道什么是时装设计师。即便过了三十年，那些"时尚巨头"走在大街上，人们也不会多看他们一眼。在上流社会那些人的眼中，他们的身份不过是会做漂亮衣服的"裁缝"。

但在晚年时，亲手把"时尚设计师"这一身份变成明星，并令其实现阶层跃升的她却告诉莫朗，实际上自己非常害怕与顾客打交道。

有一次，有人执意要见"可可·香奈儿"。

她恨不得躲进壁橱里。

她的助手在门外一遍一遍地催促她："出来吧，小姐。"

她无可奈何道："我不能出去。如果对方要买帽子，就直接送给她吧。"

还有一次，她在店里意外地遇见了一位客人。因为羞怯，她不断地讲话。那一大段一大段的话说出口后，立即让她懊悔不已。

她说："我有这样一种预感——见过的客人都会失去。"

她还得出了一个结论，那就是世间许多侃侃而谈表现自信的人，实际上只是害怕沉默的、生性羞怯的人。

她仿佛可以听到，人们讨论她的作品是如何优雅别致、如何不同寻常时，不过是为了挑起关于她私生活的话题。

晚年时，香奈儿却向她的亲人们透露，与客户保持距离，其实是她有意为之，是为了给自己营造出一层神秘感，见面不如闻名，距离产生想象。

就像为了避免被成长的痛苦压垮，她有意为之地重塑过往，为自己的内心营造一束温暖的亮光。

因为那些讳莫如深的过往，她销毁了许多的私人信件，害怕传记作家们的提问。

所以，她会避免过多地出现在陌生人面前，避免自贬身价。

当人们谈论她的生活时,她直言:"去体验我的作品就可以了。我的作品就是我的生活。"

当媒体谈论时尚的时候,她则告诉记者:"时尚是内心的态度。"

时尚是内心的态度,时尚是懂得自我诠释,时尚也是获得自由,忠于自我。

这是香奈儿对时尚的定义,是她个性魅力的投射,是她可以独立潮头的原因,也是她创立的"香奈儿"品牌经久不衰的秘密。

一如彼时,她用自己的设计才华与先锋精神在巴黎之外,又迅速征服了多维尔。

征服多维尔，做自己的主人

"我是自己的主人"，多么潇洒。这样的潇洒，是一种为人处世的态度，是一种天生的骄傲，也是一种凭借自己的努力，将命运掌握在自己手里，不被他人主宰，不被时代的洪流淹没的底气。

多维尔是离巴黎最近的海滨城市，与英国仅隔一个英吉利海峡，被誉为诺曼底最美海岸线上的明珠和欧洲的夏日之都，一直以来都是英、法两国的贵族与富豪们钟爱的度假胜地，也是全世界最著名的赛马地之一。

法国《时尚》杂志称："每个贵族都想在回忆中拥有一段属于多维尔的时光。"

而香奈儿的多维尔时光，不仅是诺曼底酒店顶层的浓情蜜意，是马球比赛时耳边此起彼伏的呐喊声，是白色沙滩上的日光浴，是战火外的和平气象，也是第二家"香奈儿"精品店为她不断积累的声誉与财富。

1913年夏天，当香奈儿挽着卡柏男孩的手，再次站在多维尔的马场边时，那里的海风依旧像从前一样令人迷醉。只是，人与心境，皆已非昨。

昔日，寂寂无名的香奈儿跟随巴尔桑来到多维尔，空有一腔热血，却不知自己的未来在哪里。而经过数年的时间，她已经成了巴黎有名的时尚设计师，她内心坚定，目标清晰，对未来充满了希望。

就是在那样的海风中，她告诉刚在多维尔投资了马场的卡柏男孩，她要再开一家店铺。

"在多维尔的海风中，我嗅到了财富的味道。"

"既然决定好了，就大胆去做吧。"卡柏男孩说道，"你的勇敢，正是你的魅力所在。"

香奈儿的新店在繁华的贡托比龙大街，主营女帽与服装。

而展开多维尔的地图，我们就可以看到，在这片潮流的诞生地上，香奈儿店铺的位置其实是经过精心挑选的。大街上，汽车渐渐取代了马车，随处可见各地的绅士们开车到来，身边坐着姣美的女伴。店铺旁边就是诺曼底酒店和卡西诺竞技场，还有一条延伸至海滩的人行道，树影婆娑，海风习习，出没其间的游客有明星，有富人，有贵族，甚至还有一些小国的王后和公主。他们是多维尔最受欢迎的客人。

那么，要如何吸引他们成为自己时装店的客人呢？

香奈儿曾透露过自己如何在多维尔赚到第一桶金，看似是妙手偶得，实则是有的放矢。

那一天，多维尔起了大风，她从卡柏男孩的衣橱里拿出一件套头毛衣准备换上——为了穿脱更加方便，她灵机一动，从前面剪开了毛衣，然后在剪开的地方缝上装饰带，又加了个衣领和蝴蝶结，最后将一条围巾系在腰间。

当她穿着那件改造过的毛衣走在赛马场时，几位女士马上围了过来："您从哪里买的衣服？"

她嫣然一笑："喜欢的话，我可以出售。"

如此，她一次就收到了十个订单。

顺便一提，保罗·莫朗曾说香奈儿创造一样作品，最开始都不是为了赚钱，而是为了满足自身的需求。他把香奈儿比作鲁滨孙·克鲁索，后者为了生存，才在荒岛上驯养山羊，制作面包，亲手搭建房屋。

就像之前在穆兰城，她为自己亲手打造的简约款女帽，是为了与众不同，迅速剥离歌女的身份。设计马裤，是为了在霍亚里越的马场上驰骋，感受热血激情和风一样的自由。所以，彼时在多维尔，为了体验海浴，解放身体，她又创造出了女士泳衣和运动时尚系列。

的确，如果说巴黎的气质是优雅、高贵和繁华，那么多维尔的风格就是浪漫、悠闲和自由。

可惜在彼时的多维尔，放眼望去，女士们离真正的休闲还非常遥远，她们依旧被层层叠叠的衣物包裹着。当男士下海游泳的时候，她们只能远远地观看，因为全法国都没有女人的泳衣可以购买。

而对于香奈儿来说，所谓先锋精神，首先就是要忠于自身的需求。

香奈儿很快推出了黑色连体泳衣，虽然相比现在的款式还比较保守，但在当时简直"伤风败俗"。

穿着连体泳衣的香奈儿也很快体验到了多维尔海浪的感性与温柔。天气晴好的时候，她可以愉快地坐在沙滩上享受日光的爱抚。

于是，当保罗·莫朗第一次在多维尔遇到香奈儿时，才觉得那般惊艳。后来在他的笔下，也才有了"小麦色皮肤，喜欢穿黑色泳衣，就像一只美丽的黑豹"的"艾莲娜"。

据卡柏男孩的姐姐柏莎回忆，她第一次见到香奈儿，也是在多维尔。在诺曼底酒店的大堂，当时的香奈儿身着休闲装，自信、苗条、肌肤健康，一双黑色的眼睛闪闪发亮。

柏莎说："那个时候的可可·香奈儿，看起来就像一个二十来岁的小姑娘。"

实际上，彼时的可可·香奈儿已经三十岁了。

1914年，三十岁的香奈儿还发现了一种名为泽西（jersey）的针织面料，从而开创了运动时尚系列。

而在此之前，泽西面料一直是难登大雅之堂的，一般用来制作内衣，或者是渔夫和水手们的日常服装。但在多维尔，香奈儿让上流社会的女性们也爱上了泽西面料——她发起的时尚革命开始了。

在香奈儿看来，时尚的本质，就是获得自由。

每个女人都应该是自由的，是充满活力的，是独一无二的，而不是财富、蕾丝、貂皮、毛丝鼠皮和贵重面料的代名词。

服装的使命是什么？首先就要诠释身体的自由。

无法为身体带来自由的服装，即便有再复杂的装饰，再烦琐的花边，再精美的刺绣工艺，无论是装饰得层层叠叠的薄纱轻罗，还是拥有了打翻了颜料盘一般的色彩，也不过是华美又无用的艺术结构。

香奈儿就是要打破固有的"束缚"思维，要带领女性们解放身体。

她们的腰带束得太紧了，紧身胸衣把脂肪挤在一起，并试图聚拢到胸部。紧身衣让她们不方便运动，脂肪越来越多，于是越发离不开紧身衣。恶性循环无休无止，服装成了身体额外的负载。人的身体被压制，如同戴着枷锁。

被蕾丝和鲸骨支配的女性，总是让香奈儿想起热带雨林中被寄生虫攻占的树木。她们身上，从内到外都透露出一种疲惫的窒息感。就像她们想要通过束缚获得曲线，反而让服装扼杀了身体的美感。

香奈儿希望做出宽松又优雅的裙子。比如，当风吹过来的时候，裙子可以像水一样贴合身体，在风中顺着身体的曲线而流动；当汽车开来的时候，女性可以轻松自如地步入车门，而不是需要旁人搀扶或托住裙摆；在马场上，她们可以潇洒地跃上马背，迎着风，自由疾驰……

所以，她设计的运动时尚系列便这样应运而生了，一上市即受到了女性们的青睐。

凭借精准独到的眼光，超凡脱俗的才华，香奈儿在多维尔的店铺的生意越来越好了。她先是雇用了当地的一些姑娘做工人，接着又邀请了小姑姑安德里安娜来当她的助手。

当时，安德里安娜正和她的情人内克松男爵住在巴黎。时隔多年，她依旧在等待男爵许诺的婚礼，而香奈儿曾经在露易丝姑姑家里的玩笑话，却已经变成了现实——如果有一天，香奈儿成了时尚大师，那么就会邀请安德里安娜来做首席模特。

安德里安娜欣然前来。

如今，我们还可以从一些照片上看到彼时的盛况。香奈儿掀起的那场时装革命，仿佛尚有余温。

其中有一张照片，记录的就是香奈儿和安德里安娜一起站在"香奈儿"店铺门口的情景。她们穿着店铺里最新上市的服装，优雅而美丽。安德里安娜正与身边的顾客交谈，显得仪态万方。香奈儿倚在小姑姑身边，点着一支香烟，嘴角挂着胸有成竹的微笑。大家就像在参加一个露天的沙龙，有人谈论着欧洲最新的局势，也有人悄悄打听，为何巴黎被称为"时尚风向标"的男爵夫人戴安娜，要抛弃保罗·波烈的沙龙，舍近求远来到多维尔，投入"香奈儿"的怀抱——要知道，戴安娜的到来，足以成就一家店铺。而且，在当时的上流社会，人们已越发频繁地将香奈儿与波烈放在一起做比较——香奈儿，不仅代表着活力和青春,也象征着自由与独立。

在多维尔的海边,三十岁的香奈儿还留下了一张照片。

照片上,她穿着自己设计的开领泽西针织衫和针织运动裙,站在木质长廊上,微笑着望向镜头。值得注意的是,她的那套服装,除了腰带上点缀着一朵白花之外,别无他物。而衣服的两侧却各有一个方形的大贴袋。她的手,就插在衣袋里——这一点,在上流社会看来,实在是太不淑女了。

但是不淑女又如何?

追求时尚,忠于自我——一直是香奈儿秉持的风格。她就是自己作品的最佳代言人。

多年后,香奈儿告诉莫朗,正是在多维尔,她见证了奢华的泯灭,目睹了十九世纪的消亡和一个时代的结束。

"一个世界已日薄西山,一个世界正旭日东升……"

如果要给香奈儿所说的"两个世界"划一条分界线的话,那么这条分界线,不仅是一场时尚的革命,也是一次人类的战争。

后来甚至有一种说法,香奈儿是靠战争发迹的。

就连她自己也大方承认过,她痛恨战争,但同时又是战争实实在在地为她带来了财富与名望。是战争帮助了她,让她一醒来就成了名人。乱世出英雄,乱世也是一个风口,她抓住了机遇,便青云直上。

1914年的夏天，战争爆发。8月，德、法两国开战，很快，繁华的巴黎沦为战场。9月，法国政府放弃巴黎，迁往波尔多。

　　而多维尔，却因独特的地理位置幸免于难。

　　战争改变了人们的生活，也重新定义了人们的穿着。"解放身体，便于行动，一时间成了人们的追求"。在多维尔，香奈儿的店铺就经常被前来避难的贵族女性们一扫而空。她们在战争中失去了庄园，但她们依旧需要衣橱——在彼时的多维尔，香奈儿的店铺是唯一一家坚持营业的时装店。

　　香奈儿知道，巴洛克风格已成过去时。她用简约、轻盈、舒适打败了华贵、奢靡与烦琐，用廉价的布料取代了昂贵的皮毛。她一点点地明确了"香奈儿"品牌的内核，把追求自由的精神，变成了一种时尚。

　　马房仆役穿的毛衣，水手和渔夫的工作服，都是香奈儿运动时尚系列的灵感之源。男人们应征入伍，女人们则可以穿着香奈儿设计的服装去参加医疗队，去开汽车，去工厂工作。

　　女人们选择解放了自己的身体，继而证明了自己的价值。

　　曾经在多维尔的诺曼底酒店，窗外风起云涌，大浪袭来，一如时代的变幻。香奈儿与卡柏男孩坐在窗边，一起谈论"女人的选择"。她认为，无论时局怎么变化，时代如何发展，一个女人行走于世，都不应该活在别人的世界里，而是应该勇敢地活出自我。

　　战争过后，卡柏男孩在他的书稿里写道："几个世纪以来，女性都被看作男人的负担和玩物，现在，解放她们的时候到了。而且，她们已经开始解放自己了。在这个社会，以前对女性的教育不过是倾向于教会她们如何取悦他人。但现在，这样的观念明显落后了。在学习取悦他人和学习自力更生之间，她们已经做出了自己的选择。她们的选择也足以说明，之前的观念只是男人哄骗世人的幻想。"

而香奈儿为什么能成功？

"四分之一个世纪的时尚都是由我开创的。"她自信地说，"因为我懂得诠释这个时代。"她对自己的定位是"新世纪的同龄人"，深知是时代造就了她的成功。

人们口中所谓的点金术，不过是她懂得用服装展现时代的变迁，懂得让时尚忠于自我。

在1914年爆发的那场战争中，全法国的青年男性纷纷入伍，为保卫自己的国家而战斗。

卡柏男孩成为陆军中尉，内克松上了前线，香奈儿的两个兄弟成为步兵和坦克维修工。

多维尔随处可见提着箱子的女人们，其中就包括安托瓦尼特，她也在混乱之中来到了姐姐的身边。

而刚从巴黎上战场，卡柏就匆匆拍来电报，让香奈儿千万不要关闭新开的店铺。

果然，前方战火纷飞，坐镇多维尔的香奈儿却赚得盆满钵满——后来她透露给莫朗，在战争的第一个夏天结束时，她就已经赚了20万金法郎。

至于巴尔桑,他也应征入伍了。

但霍亚里越城堡很快变成了德军的兵营。在那场战争中,他失去了家园和土地,以及他最钟爱的马匹。

得知消息时,香奈儿似乎又看到了昔日霍亚里越的余晖,她骑马从贡比涅森林出来,亲眼看到无边的夜幕一点点地将城堡吞没。

战争爆发后,霍亚里越里的宾客和仆人们皆作鸟兽散。那么,如果香奈儿没有选择离开那里,当"夜幕降临"时,她又能去往何方?

香奈儿并没有预知未来的能力,但站在人生路口的时候,和投身时尚时的选择一样,她也选择了忠于自我。

就在香奈儿的店铺开业的时候,巴尔桑来到了多维尔。

他看到昔日的情人正在为事业忙碌,便不解地问香奈儿:"是卡柏男孩养不起你吗?"

香奈儿笑道:"不,亲爱的巴尔桑,你不会不知道的,我不需要卡柏来养。我是自己的主人。"

"我是自己的主人",这句话多么潇洒。

这样的潇洒,是一种为人处世的态度,是一种天生的骄傲,也是一种凭借自己的努力,将命运掌握在自己手中,不被他人主宰、不被时代的洪流淹没的底气。

如果说,在巴尔桑的眼中,像香奈儿这样的女人,无须努力已经可以轻松过上金丝雀的生活,那么在香奈儿心里,她的美貌与风情,固然是走向上流社会的敲门砖,但当那扇门被敲开后,如果还抱着那块砖不放,未免也太不思进取、太被动,或者说太愚蠢了。

所以,不管何时身处何地,她都在努力工作——毕竟真正有智慧的女人,并非只为了抵达高峰,而是会一直保持向上攀登的动力和能力。

可可成了一个"大人物"

在事业上棋逢对手，应该说是一种幸运。就像最好的爱情，不是执子之手，举案齐眉，而是携手同行，并驾齐驱。

如果说香奈儿在多维尔的成功让她声名大振并赢得了财富，那么在比亚里茨，她通过"高级定制"又让"香奈儿时尚"抵达了更高的境界，从而把自己变成了一个名副其实的"大人物"。

1915年的夏天，卡柏男孩获得了一个长假。回到巴黎后，他迅速打点好自己的煤炭运输生意，便与香奈儿一同前往比亚里茨。

打开法国地图，比亚里茨正位于最西南角的地方——大西洋沿岸，比利牛斯山下，毗邻在战争中处于中立状态的西班牙。

前方战事正处于胶着状态，但比亚里茨却是一方繁华又和平的天堂，丝毫没有受战火波及。那里风景优美，气候宜人，又因欧仁妮皇后之名而永葆多情与浪漫。

欧仁妮皇后出身西班牙贵族，天生丽质，魅力非凡，与茜茜公主并称"欧洲最美的两位女子"。她嫁给拿破仑三世后，为了纾解乡愁，特让丈夫在比亚里茨为自己修建了一座行宫。普法战争后，欧仁妮皇后流亡异国，成了末代皇后，也成了法国人心头的一抹叹息。而昔日的行宫，那座沐浴过法兰西帝国余晖的玫瑰色宫殿，却依然屹立在山海之间，静看惊涛骇浪，云舒云卷。

当香奈儿和卡柏抵达比亚里茨时，那座行宫已是一座开放的酒店，名曰"宫殿"，为来自世界各地的贵族们提供王室般的尊贵服务。客人们坐在酒店的落地窗边品尝波尔多的红酒，看窗下金色沙滩，游客如织，远处大西洋白帆点点，比利牛斯山群峰逶迤，阳光在水波上犹如碎钻闪烁，透明的空气恣意流动，仿佛一闭上眼睛，就能感受到法兰西帝国时代的气息。

香奈儿与卡柏，多年前就是在比利牛斯山下的波城互生情愫。彼时的她不知道，波城是她命运的转折之地，而比亚里茨，同样将为她的事业带来更上一层楼的机缘。

在很多个清晨和黄昏，香奈儿与卡柏都会从"宫殿"出门，穿过拥挤的露天浴场，牵手漫步于远处的悬崖和沙滩之间。他们身边的绣球花开得如火如荼，粗犷又迷人的海岸线一路绵延至西班牙。

和他们一样，在这片度假胜地上，无数的游客都在为眼前的美景和享乐的氛围沉醉着。战争在不断升级，继多维尔之后，比亚里茨也成为上流社会的退避之所。其中的游客就包括沙俄的皇室成员，英、法两国的贵族，还有艺术家和商人。在各种各样的时尚派对中，大家尽情享受着战火之外的狂欢，短暂地忘记了失去家园的痛苦。

在"宫殿"酒店，香奈儿认识了一位名叫"马尔特·德维丽"的女子。德维丽的职业是歌剧演员，当时也是某位糖业大亨的情人。她有着美妙的歌喉，还有着与香奈儿极为相似的容貌——巴掌大的小脸，优雅的天鹅颈，深邃迷人的眼神。香奈儿在德维丽的身上仿佛看到了自己青春年华的影子。于是，两位美人一见如故。

有一次，她们要去参加舞会，香奈儿特意提前设计了两套一样的衣服，两顶一样的帽子。舞会开始后，客人们就看到了一对犹如双胞胎的美人，在迷离的灯光下一齐走到对方的情人面前的情景。然后，她们扬起小脸，顽皮地问道："先生，请猜猜我是谁？"

正是在那场舞会上，香奈儿告诉德维丽："你穿这套衣服真是太美了，如果你愿意收下它，将是我的荣幸。"

德维丽举起一杯香槟，娇媚一笑："亲爱的可可，谢谢你的慷慨，这将是一份值得珍藏的礼物。不过，我更希望有一些专属于自己的款式。"

香奈儿若有所思："或许……可以找我定制？"

德维丽眼神闪亮，兴奋地回应道："这是个绝妙的主意！"

当然，在这个世界上，很多富可敌国的生意，都是从一个绝妙的主意开始的。

德维丽对定制的需求提醒了香奈儿，为何不在比亚里茨开一家分店,同时推出"高级定制"的服务呢?她的目标客户不仅是比亚里茨的游客,更是西班牙王室。

她的想法马上获得了卡柏的支持。

更准确地说,她要开一家服装公司,规模显然要比多维尔的店铺更大,投入的资金也更多。

香奈儿明白,只要付诸行动,她就要承担比多维尔店铺高达数倍的风险,也将决定"香奈儿"品牌的未来。

资金不是问题,她可以找卡柏去借钱。只是在战争中,材料恰恰是最紧缺的一环。

为此,香奈儿没少花心思。香奈儿首先找到了巴尔桑的两位哥哥。巴尔桑已经入伍,但巴尔桑家族的企业依然在为军方生产服装。香奈儿用她的伶牙俐齿说服了巴尔桑的大哥,他最终向她打开仓库大门——香奈儿看到了堆积如山的高质量绒面呢。巴尔桑家族成了香奈儿的合作伙伴,经其介绍,香奈儿又如愿以偿地认识了一位里昂的丝绸制造商。

在比亚里茨,香奈儿将继续生产风靡多维尔的运动时尚系列。她在某个派对上打听到了有个名叫"罗迪尔"的纺织品经销商积压大量库存的消息。派对上的云淡风轻,立马化作生意场上的雷霆风行——她以最快的速度找到了罗迪尔,并以低价收购了罗迪尔所有的针织面料。

多年后,罗迪尔回忆,他当时正苦恼要如何抛售那批积压的"烫手山芋",因为那些不过是最基础、最低级的面料之一,甚至没有经过染色，原本打算用来制作运动员的内衣，但又不够柔软。令他匪夷所思的是，香奈儿不仅收购了他的库存，还与他签下了长期的订单合约。

事实证明，香奈儿对局势和时尚的把控都是洞若观火。她记得罗迪尔与她第一次见面时，就骄傲地向她展示二十五种不同灰色的面料。但她认为过多的颜色不过是白费客户的时间，根本不利于成交。她的骄傲，是自己简化了色板，避免客户犹豫不决。颜色越简单，也越能成为客户一眼心动的选择。

她决定自己创造色板，通过卡柏牵线，香奈儿在苏格兰找来了最好的染色师。她崇尚自由，喜爱自然，只要最贴近自然的色彩，譬如从山茶的花瓣中提取白色，用雏菊的明黄来点亮羊毛针织物，她钟情于海底的珊瑚，便染出了迷人的珊瑚色。她的染色车间里，还调制了黑白相间和蓝白相间的条纹针织物。

经过两个月紧锣密鼓地筹备，香奈儿在比亚里茨的时装公司正式营业。

这次的选址依然绝佳，直面卡西诺竞技场，去往海滩的必经之路上，那里的富人如过江之鲫，放眼望去全是香奈儿的目标客户。不过，与之前的店铺略有不同的是，在比亚里茨，她一掷千金，买下了整座别墅，装修之后，俨如一座富丽堂皇的服装宫殿。

《女装日报》的记者写道："法国时尚设计师可可·香奈儿在比亚里茨再开新店，设计出了一批特别有趣的新款针织衫。这些针织衫颜色自然，款式新颖，从头顶套入的设计真是别出心裁。针织衫在脖颈处大约有6英寸的开口，最后以纽扣收尾，将女性的轮廓充分展现。这些针织衫预计将取得巨大的成功。"

香奈儿的确成功了。针织系列再次受到了女性们的疯狂追捧。比如，德维丽和她的那些朋友；又如西班牙女王，她们都是香奈儿的忠实客户。对于那些来到比亚里茨度假的女性来说，拥进香奈儿店铺购物，其过程本身已经成了一种时尚。至于高级定制，更是每个女性都想拥有的奢华体验。

1916年的冬天，法国《时尚》杂志发文，称人们对针织衫的喜爱已经发展成了一种激情，一种实实在在的疯狂。大街上，每个人都身穿针织衫。人们穿着针织衫去工作，感受着香奈儿制造的时尚给社会带来的年轻气象。从穿着开始，女人们变得自由，也变得更加独立。

《女装日报》则写道："每个女人都应该拥有几套香奈儿设计的服装。"

西班牙的公主们穿着香奈儿设计的3000法郎的定制服装，被记者偷拍后，照片隔三岔五便出现在报纸头条上。

对于香奈儿而言，那便是最好的广告。

那时的香奈儿，已经开始尝试用价格低廉的毛皮代替昂贵华丽的皮革。她用自己的设计才华改变了毛皮的阶层，又一次重新定义了奢华。她认为，既然身处战争年代，就没有必要冒险再从南美洲订购毛丝鼠皮，也不必到沙俄去订购紫貂皮。服装需要毛皮，兔子、松鼠、鼬鼠……它们同样拥有光亮温顺的毛皮。

就这样，香奈儿发了财，还带着很多底层社会的小商人一同发了财。

但同时，她也让许多的大商人失去了发财的机会，她说："大商人们一直不肯原谅我这一点。"

因为她不仅打破了时尚的定义，也打破了财富的壁垒。

那么，香奈儿在比亚里茨赚了多少钱呢？具体的数额我们不得而知。

我们只知道开店一年半后，她就偿还了卡柏男孩借给她的30万法郎，还顺便买了一辆劳斯莱斯。

并且，不仅比亚里茨的店铺日进斗金，多维尔的店铺生意兴隆，巴黎的店铺也渐渐复苏——巴黎人民已经被迫习惯了战火中的生活，从巴黎到苏格兰再到马德里的订单，也在源源不断地飞来，她手下的员工已经超过了300名。

在战争中，除却服装，能源更是短缺之物。因此，卡柏男孩也抓住了机遇，大赚了一笔。从法国到英国，没有人不知道"煤炭大亨"的名字。那个时候，每当太阳升起，薄雾在塞纳河上散开，人们就能看到一艘接一艘的运煤船从远方驶来——都是卡柏的船。

可可·香奈儿，她和她的情人都注定成为传奇人物。

只是让许多人疑惑的是，卡柏为何可以一边在前线浴血奋战，又可以一边自由出入军队，照顾他的煤炭生意？

这或许有必要提及一个名字——"乔治·克里孟梭"。

克里孟梭，法国历史上最负盛名的政治家之一，被称为"法兰西的猛虎""胜利之父"。

卡柏可以获得军队的特令，被任命为"协约国国防煤炭委员会"的委员，正是因为他是克里孟梭的密友。

还有一种说法则是，卡柏在战争中担任过情报人员，他频繁出入英、法两地，就是为了传递法国军方和英国政界之间的秘密信件。

如此抽丝剥茧，打开卡柏的另一重身份，一切便豁然开朗。由此，我们也可以看出，卡柏的确有意在政界大展拳脚。在马恩河战役中，卡柏就曾穿越枪林弹雨深入敌营，运用自己的聪明才智带领队伍将一支敌军一举击破。他各方面的能力都得到了克里孟梭的肯定。而他的野心，自然也不会停留在"煤炭大亨"这一高度。

在事业上棋逢对手，应该说是一种幸运。

就像最好的爱情，不是执子之手，举案齐眉，而是携手同行，并驾齐驱。

1917年，是香奈儿风光无限的一年。

保罗·莫朗在他的文章中描述彼时的香奈儿："可可成了一个'大人物'。"

她将比亚里茨的时装公司交给妹妹安托瓦尼特打理，自己则回到了事业出发的地方——康朋街21号。

她剪短了头发，经常坐着她的劳斯莱斯出入巴黎，她还聘请了一名司机和一个男仆。

据香奈儿店铺的领班德蕾夫人回忆,她第一次见到香奈儿小姐,就觉得对方是一个女王,雷厉风行,言语尖锐,但脑袋里却住着灵感的孢子,随时都可能迸发出新的想法。

德蕾夫人还记得,香奈儿一个店铺的日营业额就达到了7000法郎。

香奈儿不缺钱了。

她曾多次表示,不知道自己有多少钱。她现在缺的是时间。在一封写给弟弟阿方斯的信中,她说自己要处理的事情非常多,订单堆积如山。她不断寄钱给两个弟弟。在战争中,她失去了祖父母。安德里安娜回家安葬父母时,香奈儿给了小姑姑一大笔钱。她喜欢金钱,喜欢赚钱,但她从来不会为花出去的钱而绊住手脚。她每天努力工作,她的目标可不仅仅是三家店铺的老板。她还要不断开创自己的事业版图,她要打造一个时尚帝国,她要做呼风唤雨的女王,她要脱胎换骨,重塑自己的命运。

曾经有后辈试图复制她的成功,恳请她提建议,她说:"至少要比我起得早才行。"

香奈儿也成了同行们口中的"男孩头""厉害角色"。

她的对手们说她身上有一种专属于奥弗涅农民的精明,甚至质疑她把廉价的布料和毛皮用在奢侈品上是有什么复杂的动机。对手们还会有意无意地在记者面前提及她的出身……

男孩头?厉害角色?奥弗涅农民的精明?然而香奈儿从不介意。她甚至认为那是一种来自对手的肯定。就像越来越多的女性抛弃了束身腰带,剪短了自己的头发,向她们的精神偶像可可·香奈儿小姐致敬——短发是独立的标志,露出脚踝的裙子,就是女性通往自由之路的铠甲。

而"男孩头"——有人问她:"你为何剪了短发?"

她说:"因为长发妨碍我工作。"

实际上,她的长发只是因为热水器意外爆炸而烧焦了。当时,她正好要去参加晚宴,便干脆剪下烧焦的头发,顶着一头短发出了门。之后,如她所说,那个晚上,因为她自信飞扬的神态,和短发为她带来的活泼的少年气息,所有人都为她陶醉。

至于精明,如果用正当手段就能赚到钱是一种精明,相信这样的精明每个人都会跃跃欲试。而她,一个从底层泥淖里艰难爬上来的女人,如果不精明,自然会被人算计,如果不自救,自然就会万劫不复。精明是圆融之道,也是生存所需。

重要的是,她不仅精明,而且凶悍;不仅无所畏惧,还才华横溢;不仅自由不羁,更风情万种。

她把情人们迷得七荤八素,情人们却一度当她是"楚楚可怜的小麻雀"。

工作时,她比任何人都努力。她也会对自己的店员说:"在工作上娇滴滴是没有用的,除非你是一只正在下蛋的母鸡。"

她就是一个迷人的混合体。

在爱情中,卡柏男孩被她吸引,一点点地打造她,成就她,却始终无法掌控她。

在事业上，她凭借才华和胆魄，一路勇往直前，闪闪发光，在积累财富的同时，也为自己打造了一个可以汇聚更大能量的精神世界。

一帆风顺的生活太少太少，但乘风破浪的人生却可以自己创造。她终于一步一步地把自己变成了想要的样子。

欧·亨利曾说："我们最后变成什么样，并不取决于我们选择了哪条道路，而是取决于我们的内心。"

或者也可以说，取决于我们对自己的信任和不断为这份信任而去行动的能力。

其实很多人失败的原因，不是因为他们缺乏梦想和信念。而是因为他们缺乏把信念化为行动力的力量。

成功的确是一门"玄学"。

但所有成功的背后，都不外乎日复一日的努力，还有对内心选择的坚定和坚持。

双C标识：Coco and Capel

她只是没有想到，与自己幽暗的成长环境相比，卡柏竟然也有一直困扰自身的心魔。如果用古老的东方哲学来描述，或许就是"我执"。而人生最大的"我执"，就是欲壑难平。

香奈儿一直心知肚明，她和卡柏男孩不会走进婚姻。

尽管在他们爱情故事开篇的时候，她也有过关于结婚的憧憬，譬如在朋友面前，她会说："我和卡柏很相爱。如果他向我求婚，我想我一定不会拒绝。"

如香奈儿所言，卡柏的确给了她真挚的爱意与温柔，但事实上，卡柏从未向她求过婚，也不曾给过她任何关于婚姻的承诺。

他们之间曾发生过一件事——

香奈儿来到巴黎之后，有一次对卡柏说："你从未送过我鲜花。"

于是半个小时之后，她就收到了一束鲜花。她怦然心动，涌起按捺不住的狂喜。

又过了半个小时。她又收到了一束鲜花。她抱着鲜花，心满意足。

再过了半个小时。她再次收到一束鲜花。她已经变得平静。

如此，整整两天，一直到她觉得非常乏味。

多年后，回想起她与卡柏经历的大风大浪和静水微澜，她告诉朋友，那一次的"送花事件"，其实是卡柏男孩给她上的一堂课。

或者也可以说，是一种关于幸福和婚姻的隐晦的暗示——幸福是真真切切的私人体验。他们之间，并不需要用婚姻来证明彼此的感情。他们是永远的情人，是永远最爱对方的那一个。

显然，香奈儿很快接受了她与卡柏之间的无形的契约。

而渐渐地随着时间的推移，香奈儿在事业上的成功，也大大降低了她对婚姻的渴求。

如果可以与卡柏结婚，纵然是完美的，但如果没有，她也不会觉得有太多的遗憾。

只是那个时候的香奈儿，还从未想过，卡柏有一天会迎娶他人。

因此，当卡柏告诉香奈儿，他将与另一个女人结婚的时候，香奈儿还是受到了伤害。

那也是她第一次在爱情的世界里品尝到了挫败和背叛的滋味。

戴安娜·李斯特·温德姆，利布尔斯戴尔四世勋爵最疼爱的小女儿，英国上流社会的明珠，一个拥有世袭爵位的蓝血贵族。

时年二十五岁的戴安娜曾有过一次婚姻，但结婚仅一年就成了寡妇。不过，新寡的身份并没有减损她的魅力，反倒为她的高贵与美丽增添了几许平易近人的温柔。因此，她的身边从不缺护花使者。

1918年，卡柏男孩在阿拉斯前线认识了戴安娜。当时，戴安娜正在红十字会担任救护车司机。据说在炮火连天的战场上，娇小可人、我见犹怜的戴安娜激起了卡柏男孩的保护欲，于是他们的感情迅速升温。

在写给朋友的信中，卡柏则透露，他是被戴安娜的贵族身份，以及对方背后庞大的家族根系和社会地位所吸引。

或许还有一个原因，那就是在护花使者的眼中，戴安娜的个性天真烂漫，跟香奈儿的野心勃勃截然不同。香奈儿已经越飞越高，戴安娜却可以永远握在手心。

那么，当卡柏男孩和戴安娜在前线谈情说爱的时候，香奈儿在做什么呢？

1918年，巴黎的上空依旧战火纷飞。但香奈儿的生意并没有受到太多的影响。曾有记者报道过香奈儿在炮弹的袭击下举办时装秀的情景——

"可可·香奈儿在做一件伟大的事情。我们的耳边是炮火的轰鸣，然而那轰鸣声却成了模特们走秀的节奏。观众们仿佛忘记了战争，忽略被远程大炮攻击的恐惧，大家尖叫着，为伟大的时尚和勇气尖叫着。"

是的，整个春天，德军都没有停止对巴黎的袭击。很多上流社会的女士躲到了丽兹酒店的防空洞里。她们是钱包鼓鼓的受难者。当她们找到香奈儿,寻求在夜间可以穿的晚装时,香奈儿又借机赚了一笔——她让工人们连夜改造了一批男士睡衣,一下午就卖空了库存。

她忙着设计新品,忙着处理雪片一般飞来的订单,忙着举办时装秀,忙着变得更富有、更强大,与卡柏男孩更般配。

1918年,正好是香奈儿与卡柏男孩相爱的第十年。

她用了十年的时间来脱胎换骨,重塑人生,也终于签下了康朋街31号的合约——直到今天,那里依旧是"香奈儿"的总部,是吸引着无数时尚人士千里迢迢前来朝圣和购物的地方。而彼时,"香奈儿时尚"的商业版图又一次扩大了,香奈儿也成了声名显赫的时尚女王,财源滚滚。

乱世之中,无论是权力,还是财富,都是一场群雄逐鹿的战争。香奈儿或许不是英雄,但她绝对是名副其实的赢家。

因为,她在年少时曾经做过的那些梦,终于一步一步变成了触手可及的生活。

至于卡柏男孩是如何告诉香奈儿,他与戴安娜相恋一事,现在已无资料可循。但可以确定的是,香奈儿在得知这个消息后,很快就搬出了卡柏的公寓,那个她一度认为是"家"的地方。

在朋友的帮助下,她找到了一处对外出租的清静公寓,在房间里打开窗户,就可以看到波光粼粼的塞纳河,以及河对面的特罗卡德罗宫。

不久后,她又在郊区买下了一幢别墅,里面带有一个草木葳蕤的花园。她很快明白,那才是属于她的地方。

那段时间,保罗·莫朗也经常会去康朋街找香奈儿聊天。结束一天的工作后,他们就在一起喝酒,畅谈心事。莫朗后来告诉记者,香奈儿非常孤独。

很多年后,香奈儿重提往事,又告诉莫朗:"我一生中只爱过两个男人。但当要结婚的时候,我所能做的,都只有尽力让他们另娶他人。"

这两个被香奈儿爱过的男人——其中之一自然就是卡柏。也的确有另一种说法,认为是香奈儿劝卡柏与戴安娜结婚的。因为她知道,无论自己怎样努力,都无法改变一个事实,那就是卡柏选择的新娘将为他带来一份特别的嫁妆,即贵族身份。

卡柏男孩真的需要贵族身份的加持吗?

相信很多人都为此疑惑过。

要知道当时卡柏已经是克里孟梭身边的红人。按照香奈儿的说法,克里孟梭很喜欢卡柏身上流露出来的商人的才智,对卡柏有着一种去日无多的老人所独有的迷恋。克里孟梭曾多次邀请卡柏担任法国的军事专员。卡柏顾及自己的英国血统,每次都婉拒了。他愿意成为连接英、法两国的纽带,却不愿意成为哪一方的专属。

卡柏还与新上任的英国首相劳合·乔治关系密切。并且,他事业成功,年富力强,更是在1917年的春天出版了图书《对胜利的思考》，为国际和平出谋划策，社会地位和政治前途都一片光明。

但如果细心翻阅卡柏留下的一些私人信件，我们或许就能洞悉他更深一层的内心世界。

比如在信中，卡柏告诉戴安娜，说自己深陷于一个巨大的、矛盾的旋涡中，非常苦闷，所以暂时还不能与她结婚。但他还是希望在她身上找到灵魂的归途。

另一封信又写："我一直活在自己构筑的世界里，在未知的世界，我就是个病人，无视旁人眼中的道德与信念……金钱、地位和权力，这些东西是我的翅膀，也是我的枷锁。"

署名为："流浪的人"。

想一想也真是讽刺，当初卡柏把香奈儿带到巴黎，就像收留了一只流浪的小猫。可是，当小猫成长为一只猛兽，他却要穿上铠甲，在别的女人身上寻找归途。

那个"巨大的、矛盾的旋涡"又是什么？

或许，是对香奈儿和戴安娜二选一的苦恼，又或许，是来源于夹杂在英、法两国错综复杂的政治关系中，无法抽身的两难。伴君如伴虎，无论是克里孟梭，还是劳合·乔治，他们是他的依靠，也是他的制约。

其实戴安娜的家族并不看好这段姻缘。

卡柏固然很成功，但在真正的贵族阶层眼中，他不过是一个依靠运煤业起家的暴发户，与戴安娜的第一任丈夫的阶层相去甚远（戴安娜的第一任丈夫是威斯敏斯特公爵的弟弟，威斯敏斯特公爵被称为当时的英国首富，后来又成了香奈儿的情人）。或者说，在老牌的贵族眼中，他们骨子里沿袭的优越感，不仅是权力和财富，还是时间的沉淀，是世袭本身。这是站在他们身后，奋起直追的财富新贵们无论如何也追不上的。

而且，卡柏身上那个"私生子的传闻"也依然存在。若不然，戴安娜的姑姑（英国前首相的夫人）便不会反对这门婚事，并称卡柏是"半个法国人"。戴安娜的父亲也没有去参加他们的婚礼。

但戴安娜告诉她的朋友，门当户对是一种无聊的偏见，她相信她接下来的婚姻会充满魅力，她也一定会突破重重阻力，让家族成员们接受卡柏。

无论如何，卡柏还是和戴安娜结婚了——1918年8月3日，他们在英国的一个私人小教堂里举行了婚礼。按照日期推测，戴安娜结婚时已经有了身孕，他们的第一个孩子出生于来年的4月。由于是非常时期，他们的婚礼并没有大宴宾客。证婚人是戴安娜的姐夫——洛瓦特十四世勋爵。

卡柏，终于成为戴安娜的丈夫，成为英国最显赫的贵族家庭中的新成员。

通过卡柏的上司、英国大使德比勋爵的日记，我们可以看到，结婚后一个星期，卡柏男孩就回到了巴黎工作。

他去见香奈儿了吗？

依然不得而知。

通过香奈儿写给朋友的信件，我们只知道香奈儿在卡柏结婚之后大病了一场，花了三个礼拜才恢复元气："我在努力克制自己的痛苦，刚刚度过了极为糟糕的三个礼拜……事情总有解决的一天，我的身体已经好转，会尽快回到工作中来。只有工作才能拯救我。"

是工作拯救了被"抛弃"的香奈儿，让她修复了心灵的创伤，重拾自信，继而变得更强大。

然而对于卡柏来说，如果他拥有预知后事的能力，还会不会选择与戴安娜结婚呢？

婚后，卡柏发现戴安娜依旧与她之前的情人藕断丝连，而他自己也无法忘记香奈儿。

他深陷于内心的泥沼，徘徊在崩溃的边缘，感到非常痛苦。

他曾在朋友面前叹息，经营一段婚姻要比经营一份生意困难得多，读懂一个女人的心，也要比读懂一本哲学著作艰难得多。

德比勋爵的另一篇日记写道："卡柏是联系克里孟梭的重要桥梁，但他的健康情况令人担忧。他神经衰弱，最近一段时间总是临近精神崩溃……我想他自己也意识到了。尽管平时他在旁人面前可以表现得轻松自如，但他告诉我，一个人的时候他经常会枯坐几个小时，情绪非常低落。我只好给了他两个礼拜的假期。"

卡柏很快回到了香奈儿的身边。

在郊区别墅，香奈儿以别墅女主人的身份接纳了归来的浪子。

他告诉她,他曾在别人那里迷途,而她才是可以指引他的星光。

她向他敞开了怀抱,一如十年前在波城的火车站,他遥遥向她张开双臂一样。

1918年11月11日,在贡比涅森林的一节火车车厢里,协约国和德国签订了停战协议。

战争结束了,人们终于盼来了和平。

在巴黎街头,大家拥抱着经历九死一生从前线回来的亲人,沐浴在胜利的阳光下,不禁喜极而泣。

这时的卡柏却忙了起来,他需要再次面对工作上的重压——虽然停战协议已经签订,但胜利者们还要重新瓜分世界。打开那份历经半年的"巴黎和会"才签订的《凡尔赛和约》,各种记录依然历历在目。为了瓜分战败国的赔款,克里孟梭与劳合·乔治针锋相对,吵得不可开交。和会期间,卡柏的身份是英国代表团政治部长的助理。

于是,在巴黎,香奈儿的郊外别墅便成了卡柏男孩得以憩息的港湾。

1919年,巴黎的春天,万物复苏,爱意萌动。

香奈儿依然坐镇康朋街21号——当时的她已经拥有了八个服装店和加工车间,创建一个时尚帝国,可谓志在必得。

大约就是在那个时候,为了进一步固化品牌意识,香奈儿推出了双C标识。

背靠背的两个字母C，即"Coco and Capel"，代表着她和卡柏男孩彼此独立的关系，也代表着他们命运和情感的相互交织。

没有卡柏，就没有"香奈儿"时尚的一切。命运环环相扣，其中的每一环，都曾影响着她的人生，也影响着品牌的未来。

随着战士们从前线归来，很多年轻的姑娘都选择在那个春天与她们的恋人举行婚礼。

安德里安娜终于嫁给了内克松男爵，从此世间又多了一个有情人终成眷属的婚恋版本。

安托瓦尼特也爱上了一名来自加拿大的空军。对方是来巴黎参加庆典的皇家空军部队的志愿者，出身于一个律师家庭。相恋几个月后，他们在停战一周年纪念日那天举行了婚礼。

香奈儿为安托瓦尼特准备了十七箱嫁妆，还为她的小姑姑和小妹妹分别设计了婚纱，并邀请了卡柏男孩证婚。

香奈儿不缺爱，但她也慢慢认清了命运，她极有可能一辈子都将保持单身。

一个赛马俱乐部的成员、来自阿根廷的富家子弟在追求香奈儿。

在那个年轻人的眼中，三十六岁的香奈儿依然魅力十足，并且有着"女神般的品位，成熟女人的眼睛和声音，不羁少年一般的发型和身材"。

在保罗的书中，卡柏对香奈儿的仰慕者们保持着一贯的大度。

或许，这也是一种以退为进的策略。卡柏和香奈儿都深谙此道。

就像香奈儿曾说，她从不嫉妒任何人，无论是在事业上，还是在爱情里，她不嫉妒卡柏的妻子，也包括从前围绕在卡柏身边的莺莺燕燕。

同时，她也明确地表示，在卡柏去世之前，她从未爱过任何男人。

而卡柏呢，在忙完自己的工作后就买了一辆崭新的跑车，据说是为了更方便与香奈儿会面。

每一次相见，他们就像是久别重逢的恋人，在郊区别墅，在爱情的温室，在道德的荒原。

只是彼此相爱十年，因为一场婚事，他们在感情中的关系，已经悄然变换了位置。

曾经，是卡柏带走了她。

后来，是她"收留"了卡柏。

从选择"出走"，到回归香奈儿身边，卡柏已不再是香奈儿从前一直踮脚仰望的那个"神"。他开始依恋香奈儿，会抱着他的小可可哭泣，诉说自己不幸的婚姻，以及内心深处的隐讳，仿佛是末日之前的温存。

戴安娜的情人达夫·库伯曾在自己的日记里记录了这样一段话，关于戴安娜与卡柏的婚姻，缔结不久就已名存实亡，"她（戴安娜）告诉我，他（卡柏）不再和她一起生活，不再和她说话……他亲口告诉她,她让他感到厌烦,和她在一起的分分秒秒都让他感到窒息……"

战争让很多固有的东西都破灭了。

生活如此无常,生命如此渺小,能牢牢把握在手里的还有什么?能固执地一如既往地相信的东西,还剩下什么?

香奈儿见过那么多人性中暗藏的冰山,却从未怀疑过卡柏对她的爱是否纯粹。

只是她没有想到,与自己幽暗的成长环境相比,卡柏竟然也有一直困扰自身的心魔。

如果用古老的东方哲学来描述,或许就是"我执"。

而人生最大的"我执",就是欲壑难平。

在这一点上,她深知自己与卡柏是同一类人。

婚姻曾是卡柏权衡利弊的结果,是他的步云之梯。

但如愿以偿获得贵族身份之后,他也发现自己失去了更重要的东西。

因此,婚姻才成了他的痛苦之渊。

晚年时,也曾有朋友问起香奈儿,为何可以原谅卡柏的那次"出走"和对他们爱情的背叛。

"卡柏男孩把他一生中的快乐都给了我,"她说,"没有必要把两个人装在婚姻的笼子里。"

的确,香奈儿对爱情的渴望明显高过对婚姻的需求。

她见过太多残缺不堪、污渍斑斑的婚姻。但卡柏即便娶了他人，她依然可以自信地说，她拥有过最好的爱情。

她也告诉朋友，自己一点儿都不介意风言风语。

风言风语是别人有意种下的荆棘，不应该用来鞭打自己。

无论世人如何褒贬，她都依然我行我素。

她爱卡柏，爱与他在一起时的自己，爱与他一同度过的大好年华。

更重要的是，他们之间的爱，依然是推动她一路前行，不断攀登的强大动力。

至于婚姻，只要不介意得到的话，那么，她什么也没有失去。

第四章

唯有强大,才能活出自我

"我不是一个女英雄,但我选择成为自己。不讨人喜欢又怎样?"

——可可·香奈儿

就像她曾经亲手改变了自己的命运一样，让自己从一个出身寒苦的私生女，变成了享誉全球的时尚大师。

而香奈儿真正意义上的最完美的作品，其实是一路逆流而上的人生——是她成全了自己，是她让可可·香奈儿这个名字成了岁月长河里的黄金，成了永久流传的经典。

小黑裙，一场爱的悼念

巴黎的女孩们对一条香奈儿小黑裙趋之若鹜的时候，香奈儿又说："穿不起'香奈儿'小黑裙其实没有关系，没有好看的衣服也没有关系。我只是希望女孩们都可以记住，这个世界上还有比小黑裙更重要的一件衣服，叫自我。"

小黑裙，香奈儿王国的又一明星。

近百年来，小黑裙都是法式优雅的主角，代表着高贵、美丽、自由和独立。

小黑裙，也是许多女孩成长过程中翘首以盼、梦寐以求的礼物，见证她们人生中许多重要又珍贵的时刻。

而作为小黑裙的设计师，香奈儿却告诉世人，她最初创造小黑裙，只是想发起一场爱的悼念。

卡柏是香奈儿一生中最爱的男人。

他成全了香奈儿对爱情与财富的梦想,也曾两次让香奈儿肝肠寸断、生不如死——第一次是他迎娶戴安娜;第二次,便是他的猝然长逝。

多年后,香奈儿依然对那样的痛苦记忆犹新:"卡柏的死对我来说是一个难以承受的沉重打击。失去了卡柏,我失去了一切……从此留给我的,就只有空虚,穷尽岁月,不能弥补……"

1919年12月20日,圣诞节前夕,巴黎大雪纷飞,城市的空气中满溢着节日的喜悦。

卡柏男孩开着他的新汽车,带着两只小猎狗,径直前往香奈儿的郊区别墅与情人相会。

那两只小狗,一只叫"鲍比",一只叫"皮塔",是卡柏送给香奈儿的圣诞节礼物。

温暖的壁炉旁,小狗们微眯着双眼,趴在它们的新主人身旁,静静地看着窗外的漫天飞雪。它们的新主人则倚靠在爱人的怀抱里,仿佛回到了初见的时刻,仿佛时光就此静止。

然而时光依然在流逝。

一天后,卡柏就要去戛纳与姐姐柏莎共度圣诞——彼时,柏莎已经成了某位勋爵的儿媳,她和弟弟一样,都是通过婚姻的形式,获取了贵族的身份。

临走前,卡柏与香奈儿深情吻别,然后又蹲下身子俏皮地对两只小猎狗说:"我的小可爱们,我想我们很快就会再见面。"

香奈儿笑起来,她看着卡柏的背影渐渐远去,汽车逐渐消失在大雪中,然后,又看着大雪一点点地覆盖住车痕。

茫茫大地,风声四起,仿佛一切都可以被吹散,仿佛什么都没有发生。

只是香奈儿不知道,那一次,竟然是她最后一次见到卡柏。

卡柏离开巴黎后,在前往戛纳的途中出了车祸,当场殒命。

翌日凌晨,卡柏过世的消息便传到了香奈儿的别墅。

后来,有记者采访香奈儿的男管家,得知是卡柏的一位朋友为香奈儿送到的消息。

男管家回忆,他先是听到一阵急促的门铃声,接着,是两只小猎狗的叫声,夹杂着更大的敲门声……几分钟后,大门才打开,心里还带着清梦被扰的懊恼,男管家告诉门外的"不速之客":小姐还在睡梦之中,有什么事情,等第二天再说。但对方神情凝重,坚持一定要见到小姐。

然后,就在他们僵持的时候,香奈儿出现在了楼梯上。她穿着一套白色的睡衣,没有化妆,头发微微凌乱,看起来有些疲惫。男管家形容:"小姐站在楼梯上,像一个白色的影子。"

男管家还告诉记者,香奈儿听到卡柏离世的消息时,脸上出现了一种他从未见过的痛苦表情。她并未号啕大哭,而是睁大眼睛,一动不动地坐在那里。时间仿佛被悲伤凝固了一样。

片刻之后,香奈儿走上楼梯,迅速换了衣服,要求客人带她去卡柏出事的地方。

"即刻出发,一分钟都不要停留。"她对客人说道,就像是女王在下达命令。

而她的声线,明显是颤抖的。

管家打开门,门外寒风卷起漫天飞雪,发出巨兽一样的怒吼。

但她要去见他最后一面,刀剑虎狼,亦不可阻。

卡柏出事的地方在蔚蓝海岸。

香奈儿的汽车连夜出发,行程一千公里,终于在第二天的黎明时分抵达了那里。

可惜她的愿望还是落空了。因为车祸现场太过惨烈,卡柏的身体已经面目全非,柏莎早已令人封住了棺木。

柏莎告诉香奈儿,她的弟弟一生体面,她希望世人记住的,永远是他俊朗的样子。

柏莎还告诉香奈儿,卡柏曾说过,他最爱的女人,是可可。

香奈儿没有想到,最后让她崩溃的,竟然是柏莎那么温柔的一句话。

那一刻,在海边的公路旁,香奈儿抚摩着被烧焦的汽车残骸,终于放声恸哭,哭到昏厥,仿佛把一生的眼泪都流尽了。

从此之后,就很少有人再看到香奈儿的眼泪——世人总说她心如铁石,她却从不解释自己曾经历过什么。

那段经历也让她明白，她灵魂的一部分，已经随着卡柏的离去而被带走了。

卡柏过世后，英、法两国的媒体都发表了悼词。在悼词中，逝者身份众多，他是上尉，是骑士荣誉勋章和蒙斯星勋章的获得者，是作家、外交官，也是大英帝国勋爵，是英国首相劳合·乔治最信任的人……

法国总理克里孟梭则感叹："如果他还和我们在一起就好了。他如此优秀，真是一个不可多得的伙伴。"

接着，便是隆重的葬礼。

但香奈儿没有去参加。她也没有向任何人解释过原因。或许是因为她太过悲痛，也可能是因为她无法面对戴安娜——卡柏发生车祸时，戴安娜刚怀上他们的第二个孩子。

最后，《伦敦时报》公开了卡柏的遗嘱。

遗嘱非常简洁，大部分遗产都留给了他的亲人和孩子。香奈儿和另一位新寡的意大利伯爵夫人各得四万英镑。

于是人们便猜测，那位伯爵夫人是卡柏的秘密情人。不过，当事人从未有过任何回应。

当记者就遗产分配一事采访香奈儿时，她没好气地回答，她不认识那位伯爵夫人，但如何分配遗产，那是卡柏的自由。而卡柏给她的东西，已经超出了世俗的范畴，胜过了所有。

1920年春天，香奈儿用卡柏赠予的四万英镑扩充了康朋街31号。随后，她又在巴黎西郊的加尔什买下了卡柏与戴安娜之前住过的别墅——"绿色气息"。

她带着卡柏送给她的小猎犬搬了进去，令人将别墅的窗户都漆成黑色，在房间里挂满黑纱，并开始设计小黑裙。

她要用自己的方式，悼念卡柏，或者说，真正拥有卡柏——让卡柏的名字永远与香奈儿密不可分。

她想起曾经在香榭丽舍剧院，穿着自己设计的黑色贴身长裙，领口镶一朵白色山茶，坐在卡柏身边，像一只高贵的黑天鹅。

后来，她把那一幕告诉了莫朗，声称自己看到剧院大厅里那些复兴的花哨的面料时有多么难以忍受："红色，绿色，靛蓝色……保罗·波烈把尼古拉·安德烈耶维奇·里姆斯基-柯萨科夫和古斯塔夫·莫罗的惯用色彩全部引入了时装界，这些使我感到恶心。俄国的芭蕾舞，那是舞台的装饰，不是服装的装饰。"

然后，她大声告诉记者，她完全受不了那些颜色，总有一天，她会让女人们都穿上黑色，爱上黑色。

那么现在，时机到了。

香奈儿一直认为，时尚就是为了表达自我。

所以，越是简单的东西，就越是有着丰富的内涵。

譬如小黑裙，看似简约，实则是真正的集大成之作。

她回忆道："为芭蕾舞剧《天方夜谭》设计服装不过是小事一桩，

但是设计一条小黑裙却是一件极为困难的事情。"

有多难呢？

我们打开她的技术手册，或许就能解答这个问题，继而窥见小黑裙风靡至今的些许秘密。

小黑裙，除却面料精良、颜色正统之外，设计更是重中之重。

香奈儿不会画设计图。当别的设计师在忙着绘图的时候，她却在努力地寻找真人模特。她需要找到可以长期为她工作的模特，她将对她们的身体和面貌都无比熟悉，甚至超过了自己。

首先，她在模特身上用白色的棉坯布设计构思——布料选择通常排到了最后。她一遍一遍地调整棉布坯衣，直到将棉布坯衣调整到看起来比任何衣料都要漂亮的程度，她才会露出满意的表情。

香奈儿希望自己设计的裙子可以适合所有女人穿。换言之，小黑裙是高贵的，但它的高贵，并不在于要把身材不够完美的人拒之门外。

当然，香奈儿也知道，每个女人的完美不一样，不完美更是不一样。肩部有宽窄，腰部有粗细，臀部的形状也各有千秋。

对于如何用一条裙子勾勒女人的曲线，香奈儿可谓深谙其道。她会在裙子的前面提高腰身，让裙子的主人显得更高挑。她也曾向朋友抱怨，她的客户们，十个中有九个的臀部像是一滴油。所以，她会在裙子的后面放低臀线，用来修饰顾客下垂的臀部。

衣领的部分，她一直坚持着自己独特的审美，认为所有能使脖子显得颀长的设计都十分优雅。

对于小黑裙的核心技术，香奈儿也从不屑对外界隐瞒，直言其关键就在肩部。

她说："一切都将取决于肩部，如果一件裙子的肩部不合身，那么它永远都不会合身。"

接着便是背部。因为背部是上身的接合处，所有动作都是从背部开始。所以，背部必须留出相应的足够空间，包括裙子的后身，也应该裁得更长，因为它总会往上升："身体的前部是不动的，背部则会弯曲。一个丰满的女人背部总是很窄，而一个消瘦的女人总是有很宽的背部。背部活动的时候，至少要有十厘米的空间，必须能够俯身打高尔夫或穿鞋子。另外还要测量客户们双臂交叉的情况……"

因此，在香奈儿看来，一条裙子若只能带给人"安静的优雅"，显然是不够完美的。一条完美的裙子，应该是动静皆宜的，可以为裙子的主人带来女神雕像般的高贵，也可以让女人在运动时保持自由和美丽。

香奈儿还谈到了褶皱。

自古以来，上流社会都有一条不成文的规定，那就是衣服上的褶皱是属于平民的产物，贵族阶层的衣服，是不允许产生褶皱的。但香奈儿打破了这一认知。多年前，她就改变了泽西面料的命运，让那种柔软的、容易产生褶皱的面料，被贵族所青睐，从而创造了一种新式的、休闲的优雅。

在康朋街31号，香奈儿告诉自己麾下的模特们：

"别那么害怕褶皱。请记住，一个有用的褶皱，就是一个美的印记。"

她讨厌一切掩耳盗铃式的掩饰。当一位模特试图掩饰自己的缺点时，香奈儿说道：

"别掩饰自己的缺点。不是所有的女人都是维纳斯，因此我们无须任何掩饰，我们所遮掩的一切，总会呈现得更为清晰。"

她讨厌一切肤浅而不自知的东西。她曾在时尚专栏中直言不讳——有一个公主，披着一条印有黄道十二宫的绿色披肩，骄傲不已。然而，在香奈儿眼里，公主的披肩，顶多让无知的人感到惊艳。

香奈儿奉行的，正是大道至简的东方智慧：

"与其表面所呈现的效果相反，我们应该指出正是怪异毁灭了个性。所有极端的东西最终都会被贬抑。"

彼时，小黑裙诞生，售价300法郎一条，依然供不应求。

有记者去采访香奈儿，问她如何诠释小黑裙。

香奈儿骄傲地说："我不需要解释我的作品，因为我的作品会进行自我阐释。"

她还告诉记者，每个女人都应该为自己准备一条小黑裙。因为黑色是永远不会过时的。当你不知道穿什么颜色的时候，穿黑色总不会出错，而且在舞会上，穿黑色或白色的女人永远是焦点。

的确，小黑裙面世后，香奈儿收到了许许多多的赞美。

纯正的黑色中国绉丝，流线型的设计，搭配白色珍珠项链——高雅简洁，性感却不轻浮，一种可以与时光抗衡的经典。

身着香奈儿设计的小黑裙，成了每个女人心中的梦想。

美国《时尚》杂志就曾把香奈儿小黑裙比作服装里的"福特"轿车。女人追求小黑裙，就像男人追求福特汽车。

在所有的赞美中，只有一个美国顾客的话让香奈儿引为知音。

香奈儿说："我设计的服装，足以令所有女人可以像百万富翁一样走出门去。"

而那个美国顾客说："香奈儿小黑裙的价格如此昂贵，却又昂贵得不露一点痕迹。"

后来，巴黎的女孩们对一条香奈儿小黑裙趋之若鹜的时候，香奈儿又说：

"穿不起'香奈儿'小黑裙其实没有关系，没有好看的衣服也没有关系。我只是希望女孩们都可以记住，这个世界上还有比小黑裙更重要的一件衣服，叫自我。"

也难怪一直到今天，香奈儿都被世人奉为金句女王，她的"设计师言"，果然每一句都是为人处世的金玉良言。

日本时装大师山本耀司说黑色是颜色的尽头，香奈儿则说黑色可以横扫一切。

是的，黑色，吞噬一切，也包容一切。

黑色，空虚如深夜，永恒如宇宙，孤独如王者。

黑色，自成一派，深不可测，代表着她的时尚态度。

黑色，也代表着宗教和庄严，代表着葬礼和悲伤。战争中，很多女人都曾统一身穿黑色洋装,为她们在前线牺牲的丈夫默哀。

只有黑色,才能诠释香奈儿失去卡柏的悲痛。

"我要让全世界的女人为卡柏穿上小黑裙。"

——香奈儿做到了。

同时,她还创造了一种新的风格,一种可以风靡世界的魅力。

她把对卡柏的爱意和怅憾都渗入了小黑裙的美学内核中,推开了一扇财富之门,也让小黑裙带着她和卡柏之间的那个凄美又隽永的爱情故事,与时间一起,恒久流传,幽幽如诉。

香奈儿的波兰女友

作为密友,她们的精神轨迹曾深深地交会过,也曾在彼此的生命中留下过恒星般的光亮和暗河般的隐晦。

玛利亚·索菲·戈德布斯卡,香奈儿的波兰女友。

当然,在巴黎,乃至整个先锋艺术圈,这位波兰女士的本名都是被人忽略的,取而代之的是她另一个掷地有声的名字——米希亚,即"玛利亚"的波兰昵称。

纵览香奈儿的一生我们就会知道,除却卡柏男孩,她的这位波兰女友"米希亚",同样是一个绕不开的名字。

因为米希亚不仅是香奈儿来往最密切的朋友,更是影响了香奈儿命运走向的人。

米希亚比香奈儿年长十一岁,诞生于一个波兰的艺术世家——其祖父为音乐家,父亲则是有名的雕刻大师。但米希亚的出生地却是在圣彼得堡——她的父亲当时正在沙俄皇家学院就职。她的母亲在即将临盆时前往俄国，结果舟车劳顿，难产而死。小婴儿活了下来，从小在偌大的豪宅中弹着贝多芬的曲子长大，其间接受过钢琴大师加布里埃尔·福雷的指点，更被李斯特称为"前途无量的钢琴女孩"。

米希亚十岁那年，父亲把她送到了巴黎的圣心修道院接受淑女教育。和香奈儿一样，米希亚的青春年华也是在清心寡欲的黑白世界中度过的，她们的内心深处，都曾有过不为人知的孤独。不同的是，米希亚去的修道院位于繁华的市中心，仅对贵族子女开放，校内的钢琴课更是声名在外。而香奈儿所在的修道院，会免费接收孤儿，教给她们的不过是谋生的技能。

十五岁那年，米希亚从修道院逃出，开始与家庭的期望背道而驰。

当香奈儿跟着母亲寄人篱下的时候，十五六岁的米希亚已经烫卷头发，挽起衬衣，袒露身体，成为举世闻名的画家们竞相邀请的模特——直到今天，人们依然可以在世界各大博物馆里看到她的画像，或美丽，或哀愁，或风情，或圣洁……在画家的笔下，她就是他们理想的投射，是他们的灵感女神。

当香奈儿还在奥巴辛的高墙下仰望星空时，米希亚早已经实现了经济独立——她成功继承了家族中一笔巨额的遗产，接着迅速嫁人，远走异乡，脱离了家庭的束缚，过上了挥金如土、纸醉金迷的生活。

后来，香奈儿来到巴黎，慢慢成长为时尚设计师，积累财富，定义时尚……而整个20世纪20年代，米希亚都是巴黎艺术圈里众星捧月的女王。

那么米希亚和香奈儿是如何相识的呢?

按照香奈儿的说法,她是在卡柏男孩去世之后认识米希亚的。

但在米希亚的回忆录里,早在1917年,她就已经对香奈儿"一见钟情"了。

当时著名的法国演员塞西尔·索雷尔举办了一场晚宴,香奈儿和米希亚都在受邀之列。那串长长的嘉宾名单中还包括了香奈儿的好朋友保罗·莫朗。

莫朗注意到,那晚的香奈儿很少说话。

有位客人对香奈儿说:"您身上有着艺术家的气质。"

香奈儿冷淡地回:"不,我没有艺术细胞。"

客人紧张地望向她桌上的请柬,小心翼翼地问:"您难道不是可可·香奈儿小姐吗?"

为了避免不必要的麻烦,香奈儿笑道:"我不是。"

客人知趣地离开了。

然后,米希亚就坐到了香奈儿的对面。

大约三十年后,米希亚还记得那个场景,她第一次见到香奈儿,就发现对方身上散发着一种无法抗拒的魅力,黑色的头发,迷人的侧影,她被深深吸引了,随后她敏锐地捕捉一切有关对方的信息——康朋街,女帽店,时尚设计师,可可·香奈儿。

几句寒暄之后,香奈儿准备离开,米希亚看到对方披上了一件皮草大衣——就连披大衣的动作,都是那么优雅。

米希亚忍不住赞美:"这件大衣真美!"

"你喜欢的话,我十分乐意送给你。"香奈儿脱下大衣,眼神里充满真诚和慷慨。

米希亚婉拒了。

不过几天后,她就出现在了康朋街21号。在各种各样的羊毛衫、女帽和装饰品中,她看到了香奈儿,那个令她念念不忘的女人。

米希亚对着香奈儿滔滔不绝地说了几个小时,但香奈儿一直忙着工作,几乎没怎么说话。当她听到别人称呼香奈儿为"可可"时,她简直义愤填膺,心里涌起"偶像"被亵渎的怨气:"怎么可以用一只宠物的名字来称呼如此卓越不凡的女性?"

那天晚上,米希亚又到香奈儿家做客。在满屋子的乌木漆面屏风中,米希亚还见到了卡柏男孩。

至于卡柏男孩是什么样子的,他们都交谈了什么……三十年后,米希亚全忘了,似乎鼎鼎有名的卡柏男孩只是女神香奈儿的某个配件而已。她脑袋里面装的全是香奈儿。在回忆录中,米希亚倒是记得她那夜带去的男伴,后来成为她第三任丈夫的西班牙艺术家,同时也是一位富翁的荷西·马利亚·塞特说的话:"我从未见过你对一个新朋友如此着迷,失去了自制力,这让我很不习惯。"

于是,两个传奇女性长达半个世纪的友谊就从此开始了。

同样是通过回忆录,我们看到的却是,相比米希亚的痴迷与狂热,香奈儿对米希亚的感情显然要冷静和复杂得多。

香奈儿眼中"满口脏话""厚颜无耻""最喜欢诋毁别人"的米希亚,在文字里舍不得对香奈儿用一个刻薄的言语,但香奈儿告诉莫朗,米希亚是她一生中唯一的女性密友,也是一条心灵的寄生虫。

描述米希亚的时候,香奈儿依然保持着她一贯的毒舌:

"在心理方面,米希亚是个残疾人,在爱情中跛足而行,不愿意正视友情。"

"米希亚一听到'痛苦'这个词就会异常兴奋……她既是毁灭之神,又是创造之神。"

"如果说人们总会因为一个人的缺点去喜欢对方,那么米希亚会有一千个理由让我去喜欢她……我很讨厌问别人问题,米希亚厚颜无耻的提问方式让我佩服不已。"

比如有一次,小姑姑安德里安娜告诉香奈儿:"我和你的波兰女友喝茶了。"

"我的波兰女友?"

"是的,就是从早到晚穿着缎面鞋子的那位夫人。我很不喜欢她。"

"为何?"

"她没完没了地套我的话。我只能告诉她,我不是情报机构。"

安德里安娜就连米希亚的名字都不愿意提及,仿佛那个名字从唇间吐露都会引起生理不适。她也一度无法理解香奈儿与米希亚的亲密交往。在她的眼中,米希亚不仅没有教养,而且言行举止浮夸又滑稽，就像个马戏团的小丑。

香奈儿则把米希亚比喻成一只蜜蜂，在人群中飞来飞去，采撷他人的痛苦，酿造自己的花蜜。

所以，便也不难理解，为何在香奈儿最为痛苦的那段时间里，米希亚要拼了命地去哄香奈儿开心："那段时间，可可是如此悲伤，她出现了神经衰弱，整个人都萎靡不振。为了开解她，让她开心，我真是拼了命地在想办法。"

或者也可以说，在香奈儿的认知里，她与米希亚的友情，其实是在卡柏去世之后，才真正开始的。

在那之前，她没有把米希亚当成自己真正的朋友。

但在巴黎艺术圈里，米希亚分明是女神般的存在。

来看莫朗日记里的米希亚："不管外部环境怎样恶劣，她身上都会保持着一种坚不可摧的欢愉。那种欢愉，让她永远迷人，永远充满生命力。"

艺术家让·考科多把米希亚写进了自己的小说《伪善者托马》，让她化身女主角博尔姆公主，写她的美丽眼睛会因生活中的一切乐趣而熠熠生辉，将她比喻成生活的大师，如钢琴家一样，可以将生活演奏成乐曲，哪怕是最贫苦的生活，她也能从中提炼出优美的旋律。

在小说的一个章节中，博尔姆公主（米希亚）又像智慧女神一样点拨着芸芸众生："欢愉不在某种特定的事物里，而在你看待这个世界的眼光里。"

曾拜服在米希亚的魅力之下的普鲁斯特也丝毫不吝啬自己的赞美:"米希亚,独一无二的米希亚,她是一座艺术的丰碑。"

很多年后,香奈儿最钟爱的后辈,也就是安德烈的女儿,被香奈儿亲昵地称为"小不点儿"的加布里埃·帕拉斯·拉布吕尼则告诉记者,当她还是个小孩子时,就曾经常陪同她的"可可姑婆"去米希亚家里玩。

小加布里埃还记得第一次去米希亚家里的情景,记得对方丰腴的身材,白皙的皮肤,说起话来生机勃勃的样子。记得米希亚居住的公寓,百叶窗长期紧闭,房间内摆满了水晶装饰品,就像踏进一个奇妙的世界。头顶也是晶莹闪烁的水晶吊灯,垂着数不清的水晶吊坠,一切都让人惊叹不已。

以对方的生活痕迹,检阅自己的生命历程。小加布里埃描述的这一切,其实都能在香奈儿康朋街的寓所里找到痕迹。

是的,无论香奈儿对米希亚言辞如何刻薄,都不能抹去一个事实,那就是米希亚将香奈儿带进了艺术圈,并对香奈儿产生了深远的影响。

就像香奈儿走出米希亚的家门之后,会马上告诉小加布里埃,她很不喜欢米希亚家里的摆设风格,但不久后,她就在康朋街的寓所里,挂满了水晶灯。

香奈儿和米希亚一样对水晶有着特别的爱好,对那可以穿越黑暗的光亮情有独钟。

小加布里埃还对一个场景印象极为深刻——童年时,她坐在可可姑婆的身边,听姑婆唱歌:"我的女人,她铁石心肠,不通人情,但是她必须属于我,直到死的那一天,我都会爱她,此情永不渝……"

那个时候的香奈儿,就坐在摆满乌木漆面屏风的房间里,无数水晶成了房间里唯一的亮点,在她亲手构建的世界里,她像一个会魔法的女王。

有时候,香奈儿也会弹奏钢琴,而米希亚,正是她的第一任钢琴老师。

只是,米希亚是个钢琴天才,却不喜欢弹奏钢琴。

她身边全是艺术家,但她却视价值连城的画作为垃圾。

她与香奈儿曾因为性格的反差产生过多次决裂,但也总是能和好如初。

香奈儿告诉莫朗,米希亚虽然不从事创作,但在某些幽暗的时刻,她一贯的亲切宽容之举,就像萤火虫般以微光照亮四周的黑暗。

在小加布里埃面前,香奈儿则坦承,米希亚是她的崇拜者,也是她的拯救者。

的确,米希亚离经叛道,一呼百应,不断被人抛弃,又被人追捧,不断创造着灵感,也不断毁灭着艺术,有多少人崇拜她的伟大,就有多少人嘲讽她的堕落……但自始至终,她都活在世俗的目光之外,活得那么自由自在。

于是便有人说,香奈儿与米希亚在对方的身上发现了一种令人惊叹的默契。

这种默契是什么呢,或许就是,她们都曾脱离了原生家庭,更改了自己的命运，她们都喜欢涂改护照上的出生日期，对某些往事讳莫如深，在她们的内心深处，都有着秘而不宣的孤独。

但无论如何，香奈儿和她的波兰女友之间的感情，维持了半个世纪之久，比她们身上的任何一段感情都要长久。

作为密友，她们的精神轨迹曾深深地交会过，也曾在彼此的生命中留下过恒星般的光亮和暗河般的隐晦。

如果说，她们的感情是一条蜿蜒曲折的河流，那么那些涌动的波涛，早已渗入了她们后半生岁月里的每一个深深浅浅的角落，从而间接推动了彼此的命运之轮。

灵感意大利

小加布里埃听见她的可可姑婆说,那张塔罗牌,昭示了她后半生的命运——必须非常勤劳,才能源源不断地积累财富,最终获得生命的自由,以及重新构筑生活的能力。

  1920年春,香奈儿坠入了痛苦的深渊。

  先是卡柏男孩永远离开了她,接着,她最疼爱的小妹妹安托瓦尼特又在一场西班牙流感中病逝。

  香奈儿差点以为自己熬不过去了。

  就在那个夏天,成为塞特夫人的米希亚盛情邀请香奈儿一起去意大利游玩,参与他们的蜜月之旅。

  香奈儿答应了。

  在她的回忆里,那个时候,离开了工作岗位,香奈儿就是一个平平无奇的、哭干了眼泪的年轻女人。

  那也是香奈儿第一次去意大利。

意大利历史悠久，是文艺复兴的发源地，也是一个美景如画、魅力非凡的国度。

游览意大利，塞特绝对称得上是一个理想的旅伴。塞特其人慷慨多金，学识渊博，同时担任了导游的角色。他开着租来的汽车，车里装满古画，带着新婚妻子和妻子的朋友慢悠悠地上路，并乐意为两位女士解答一切稀奇古怪的问题。

吹着温软的海风，在海浪拍打礁石的声音中，米希亚眯着眼睛告诉香奈儿，她当初就是在一次意大利之旅中被塞特吸引的。

"我被他那具有说服力的手势给迷住了。每当他要开启长篇大论，就会伴随着手势，你看他，拇指向上，带着审问、温存、征服者的野性，那拇指就像一个强势的问号，就像催眠者的权杖……至于他说的艺术，巴洛克风格，擅长绘制巨幅壁画，我丝毫不感兴趣，都已经在我的记忆里见鬼去了。"

而在香奈儿的记忆里，喜欢竖着拇指给人讲解艺术的塞特，体毛非常浓密，知识结构无比坚实。他带她们穿梭于一座座博物馆间，就像是羊脚人身的农牧之神带着他的子民参观一片熟悉的森林。

香奈儿还记得月光下的罗马城，整座城市沧桑而美丽，呼吸的每一口空气，都飘荡着历史的尘埃。她疲惫至极，但塞特依然可以抛出一个又一个的精彩话题，比如某个文学家的作品，又如何在废墟上举行晚宴，再如玩一个"如果你变得富有，你会买什么"的游戏。

在游戏中，香奈儿问塞特："如果此刻你变成了世界首富，你会买什么？"

塞特用他无比真诚的眼神看着香奈儿，骄傲地回答："我可能会向塞特订购一小幅作品。"

终于，香奈儿会心一笑。

当然，大多数时候，都是香奈儿与塞特同游。

塞特夫人米希亚无法为任何人改变她的生物钟。每天，她都要睡到日上三竿。人间的上午与她无关，她的生命属于慵懒的下午茶时光，属于流光溢彩的晚宴。

为了将香奈儿从痛苦中解救出来，米希亚利用自己的人际关系，特意张罗了一场大型宴会。

在地中海灯火通明的豪华游轮上，米希亚盛装出席，为她的新朋友香奈儿引见上流社会的王室成员，那一串长长的名单中就包括普瓦公主、沃尔皮伯爵、希腊王子……

只是，那场邮轮晚宴并未给香奈儿留下深刻的印象，反而是在威尼斯，在美丽的大运河河边的那次下午茶，让她数十年记忆犹新。

当时，河水上泊着五颜六色的小船，犹如一幅美丽的画卷，远处是古罗马帝国的建筑物，雄伟而壮丽，影子倒映在河水中，如同河神的宫殿。米希亚牵着她的小狗，悠闲地在一边散步。

谢尔盖·迪亚吉列夫，俄罗斯皇家芭蕾舞团的创始者，米希亚的挚友，先锋艺术圈的领袖人物，欧洲艺术天才们的伯乐，又一个与香奈儿命运相互交织的人，正打算重新把《春之祭》搬上舞台。

1913年，《春之祭》在巴黎引起巨大的轰动。香奈儿没有看过

《春之祭》，她听着迪亚吉列夫的叙述，就像在听一桩陈旧的新闻事件，让她感觉自己错过了一个重大的历史时刻。

接着，在威尼斯澄澈的天空下，在两根恢宏的立柱之间，戴着单片眼镜的迪亚吉列夫向香奈儿谈起了自己遥远的故乡、童年的趣事，还有辉煌的人生经历，并声称相比一场舞台剧带来的百万入账，他更在意自己的快乐。

在香奈儿眼里，迪亚吉列夫是个才华横溢的艺术家，也是个一穷二白的生意人。他可以为了排演一场演出而破产，也可以心血来潮买下一幅天价画作再转手赠予他人。他以艺术赞助者的身份在欧洲各国游历，寻找灵感和千里马，但却买不起一条新裤子，以至于身上年久的裤子都需要用安全别针来固定。

如香奈儿所说，迪亚吉列夫富有又贫穷，宽容又吝啬，优雅又邋遢，却依然不失为一位"有魅力的朋友"。透过他的魅力，以及他与米希亚的深切友谊，香奈儿看到的，还有他在先锋艺术圈的领袖地位和超强凝聚力。

回到巴黎后不久，香奈儿就资助了迪亚吉列夫30万法郎。她唯一的要求，就是希望迪亚吉列夫为她的赞助保密。

而那30万法郎，让她与迪亚吉列夫建立了牢不可破的友谊，也为她叩开了先锋艺术圈的大门，从而让她成为艺术赞助人，并决定了她的后半生的艺术风格与财富密码。

显然，意大利之旅已经慢慢让香奈儿脱离了痛苦的轨道。不过，最后让她获得心灵的洗礼，决定好好活下去的，还是来自圣安东尼奥大教堂的一次顿悟。

在米希亚的回忆中，香奈儿当时跪在教堂的一千根蜡烛中间，在提香·韦切利奥所画的五位圣者的默默注视下，为卡柏男孩祈祷。

香奈儿祈祷了些什么？无人知晓。

后来她向莫朗透露，自己当时站在教堂的圣人雕塑前，身边是众多海军元帅的石棺。她的前面有个男人，她看到那个男人的前额靠在石板上，似乎想要休憩的样子，他的脸庞是那样忧伤而美丽，仿佛体现了无尽的坚毅，而其中又泛着几许温柔。

"奇迹在我身上发生了。"

那一刻，香奈儿突然觉得，自己在那个男人面前就是一个懦弱的人。她对自己说："多么可耻，我的生命似乎尚未开始，我怎么能把一个迷失的孩子的忧伤与眼前这种悲恸相比较呢？我的身上仿佛被注入一种新的力量，我重新鼓起勇气，决定生活下去。"

尼采有言："唯有悲观净化而成的乐观，才是真正的乐观。"

如果说，意大利之旅让香奈儿走出了痛苦的深渊，那么接下来，她在巴黎遇到的一个人，又将带给她另一种灵魂的抚慰，从而让她逃离了劫难，升华了生命，变得更加强大。

那一天，在康朋街，香奈儿接待了一个陌生的印度人。

她可以确定，自己从未见过他，但在对方的眼里，她又读出了似曾相识的亲切。

在乌木漆面屏风之间，在闪耀的水晶吊灯下，印度人开门见山地说："我有一个消息要告诉您，小姐。是您认识的一个人传给您的消息……"

香奈儿惊讶极了。

印度人又告诉香奈儿："那个人现在生活得很幸福，在那个世界里，他再也不会有任何的烦恼。请您接受我带来的信息，您一定会明白其中的含义。"

香奈儿深信不疑。

因为那段话，只有她和卡柏男孩两个人知道。

曾经，她被卡柏男孩的智慧所吸引，被他引领至一个从未涉足过的丰饶神秘的精神世界。她一生没有宗教信仰，但她相信卡柏男孩，从而也相信，人的灵魂可以脱离肉身，存在于另一个世界。

如此她也明白，自己并没有完全失去卡柏。她相信在另一个世界里，卡柏依然在庇护着她，他们之间依然有着某种灵魂的联系。

多年后，小加布里埃依然记得，她的可可姑婆是如何在乌木漆面屏风之间缅怀卡柏男孩的。

香奈儿沉浸在那一个世界里，水晶球折射出屏风的倒影。她告诉小加布里埃，当她在夜间凝视屏风上的图案时，仿佛会看到门徐徐打开，骑兵们骑在马背上列队而出，她想辨认哪一个是卡柏男孩，但她从未看清过那些人的脸。

香奈儿喜欢学着卡柏的样子研究塔罗牌，并传授她的经验给小加布里埃。比如，塔罗牌上的那些数字和符号各自代表着什么意义。

曾经，卡柏就是那样一张一张地教香奈儿，如何通过塔罗牌的指引，洞悉自我与人心。

譬如10号塔罗牌，背面是卡柏的签名，牌面上是一望无际的原野，金黄的麦穗垂下头颅，望着锋利的镰刀。香奈儿解读为：

自由、财富和勤劳。

香奈儿一遍一遍地念着，自由、财富和勤劳。小加布里埃听见她的可可姑婆说，那张塔罗牌昭示了她后半生的命运——必须非常勤劳，才能源源不断地积累财富，最终获得生命的自由以及重新构筑生活的能力。

除了塔罗牌，香奈儿还会经常赏玩她从意大利带回的工艺品。

比如水晶十字架，她喜欢把手放在上面，闭上眼睛感受天地之初的纯净。

十字架，让她想起奥巴辛的岁月。在那里，孤独是世间最纯净的情感。漫长的一生，她在孤独中启程，卡柏去世后，她仿佛又回归到了那种原始的孤独中。

康朋街的寓所里，随处可见拜占庭风格。坐在透明的水晶吊灯下，一如仰望拜占庭建筑物光彩夺目的穹顶和拱券。拈花而笑的佛陀铜像，低眉垂目，满面慈悲。

佛陀来自意大利的某一家古董店铺——那一天，米希亚差点把店铺一扫而空。而香奈儿只买下了那座佛陀。后来她令人为佛像镀了金身。她喜欢金色，认为金色是太阳的光辉，洗礼万物，高贵迷人。

自妹妹安托瓦尼特过世后，香奈儿就一直在资助她的两个兄弟——阿方斯和吕西安。她源源不断地寄给他们现金和衣物，资助他们拥有自己的房子，并负责他们子女的学费，让他们过上了体面的生活。

这也不禁让人猜测，是妹妹的死唤醒了香奈儿对亲情的眷恋。她内心的坚冰，曾因童年的贫穷和孤独而凝成，现在，又为亲人离世的痛苦而融化。

据小加布里埃所说，她的可可姑婆其实一直都非常慷慨，只是内心的温情和柔软的一面，从不轻易示人。

香奈儿从意大利回来后，法国《时尚》杂志曾为她拍摄了一系列的白色服装的大片，仿佛把意大利的艺术和自由都带了回来。

照片上，她留着标志性的短发，手腕上戴着层层叠叠的珠宝，坐在朦胧的树影下，凝视着镜头。眼神如此犀利，不怒自威。

的确，在外人的面前，香奈儿就像一只狮子，威风凛凛，是孤独的、骄傲的女王。

她的寓所里，同样摆放着各种各样的狮子摆件。

狮子是香奈儿的星座保护神，也是威尼斯的城市图腾。圣安东尼奥大教堂外的狮子雕塑，身生双翼，振翅欲飞，象征着力量和自由，也见证过香奈儿的悲伤与虔诚，后来，又频频出现在香奈儿的作品里。

高贵、纯净、孤独,是香奈儿美学世界里的内核。

意大利之旅,也是一次灵感之旅,让香奈儿受益良多。

而狮子,越来越多的人早已在心中把它与香奈儿联系了起来。

"香奈儿5号"诞生记

如果问我香水应该喷在什么部位,我会告诉你,喷在所有你希望被亲吻的部位。

在意大利旅行时,米希亚曾问香奈儿:"亲爱的可可,你认为一瓶好的香水,应该是什么样的?"

"应该像一记耳光那样令人难忘。"香奈儿回答,"可惜,我还没有遇到。"

1920年的秋天,为了制作出一款"一记耳光那样令人难忘"的香水,香奈儿带着一封引荐信,前往南法小镇格拉斯,去寻访一个叫恩尼斯·鲍的人。

恩尼斯·鲍是一位有着法国血统的化学家,也有香水界极负盛名的"鼻子",据说他可以不借助任何仪器分辨出几千种不同的香气,打开任何一瓶香水,都能用鼻子准确地闻出其中的多种成分。他为沙皇宫廷服务期间，一直是亚历山德拉·费奥多罗芙娜皇后最为钟爱的调香师。沙俄政权瓦解之后，那些落难王孙很快流亡异国，恩尼斯·鲍也离开了圣彼得堡回到法国，重操旧业。当时，他正在格拉斯的弗拉戈纳尔实验室工作，为来自世界各地的客户们研制香水。有时候，他也会带着香水小样来到巴黎，拜访故友，感叹世事，追忆罗曼诺夫皇朝的余晖。

依山傍海的格拉斯，自17世纪以来就是世界上最有名的香水之都。因为得天独厚的地理环境，格拉斯的万亩花田为法国的香水工厂提供了三分之二的天然原料。阿尔卑斯山脉下，花田绵延，从每年的四月开始，鸢尾花，玫瑰，薰衣草，茉莉，晚香玉……各种各样的鲜花次第开放，地中海的海风徐徐而来，又将香气灌满小镇的每一个角落。

香奈儿告诉恩尼斯，她想制作一款香水，不仅要像一记耳光那样令人难忘，还要闻起来充满了女性气息，能够带给人美好情感的体验。

或者说，她想要一种为自己量身定制的香水，属于香奈儿风格的香水。

她不要单纯的花香。花香固然美妙，但市面上的香水几乎都是花香调，她要的是与众不同——"只有与众不同，才能无可取代"。

香奈儿在格拉斯住了下来。

每天，她都会花半天的时间待在恩尼斯的实验室，与恩尼斯一起研究香水。

恩尼斯称赞她的嗅觉，让她一度认为自己有成为调香师的天分。她从小嗅觉就非常灵敏，闻过一次的气味就会终生难忘。再次闻到时，那种气味里就会浮现出往昔的情感体验，犹如记忆的复苏。

恩尼斯制作的香水，同样具备唤醒记忆的能力。他与香奈儿分享过一种香水，气味清冽迷人——是他曾经在极光下体验过大自然博大而神秘的温柔后制作出来的。香奈儿将他的调香技艺称之为"气味的魔术"，而调香师就是魔术师。

有时候，香奈儿也会一个人跑到海边，用嗅觉去捕捉一些灵光乍现的时刻。

她想起了卡柏、比利牛斯山下的浪漫，想起了贡比涅森林的气息、马蹄溅起的泥土的芳香，想起了曾经在修道院度过的时光、弥漫在空中的碱性肥皂的气味。

后来，在恩尼斯的实验室里，香奈儿发现了装在试管中的乙醛。乙醛没有颜色，闻起来甚至有些臭味，但稀释后，却能散发出淡淡的山野花香，宛若新生。而且，尽管乙醛不能代替从花中提炼出来的精华，但是在精华中加入一定比例的乙醛，却可以产生一种美妙的反应，还能使香气更加持久，更加强烈。

香奈儿选择了合成香水。用化学原料乙醛和天然精华相结合——茉莉、玫瑰、佛手柑……不惜成本，制造出一种前所未有的香水。

成本方面，在全球的香水界，格拉斯茉莉精华的价格无疑是最昂贵的。格拉斯茉莉花原产地在尼泊尔，花期长达五个月，与当地的药用茉莉嫁接后得到新品种，香气竟无可取代。茉莉的品质与土壤、气候息息相关，因此放眼全球，格拉斯茉莉也是独一无二的。

香奈儿来到格拉斯的时候，正好是茉莉采收的季节。她看着眼前大片大片的花田，茉莉朵朵绽放，犹如落在山谷间的点点月光，皎洁的花瓣散发着浓郁的香气，不禁令人心醉神迷。

为了保证茉莉的新鲜，采摘茉莉必须全部由人工完成。采摘工人大多都是镇上的女性，她们手法轻柔而敏捷。为了保证香气的纯净与醇厚，又必须赶在正午烈日到来前采摘完毕。否则，茉莉花瓣里的蜡质就会随着温度的升高而融化，香气便会大打折扣。接着，成千上万朵茉莉花被迅速送往附近的工厂，倒入盛有动物脂肪的托盘中，再由工人们用古老的冷浸工艺萃取珍贵的茉莉精华——通常，要牺牲六百多公斤的新鲜茉莉花，才能获取一升的茉莉花精华。

"您的想法非常有趣。只是，没有什么比茉莉精华更昂贵的了，小姐。"恩尼斯很佩服香奈儿的勇气，她所说的原料配方，之前还从未有人尝试过。但他有点担心价格。

"茉莉精华最昂贵是吧？好，那就加更多的茉莉。"香奈儿胸有成竹，"不计成本，我就是要制作世界上最昂贵的香水。"

于是，一段时间过后，恩尼斯就把香水样本摆在了香奈儿的面前，从1号到5号，从20号到24号。

最终，香奈儿选择了5号。

不知是巧合还是自我意愿的投射，那瓶5号小样，让她感受到了从未有过的、美妙的感官体验。

"就是它了，5号，'香奈儿5号'。"

"5"是香奈儿一生中最喜欢的数字。她认为那是她的幸运数字。譬如，她青春时代在奥巴辛修道院看过无数次的五芒星，被修女们口耳相传的所蕴藏的神秘力量。卡柏曾经留下的塔罗牌——5号，象征着勤奋和财富。她的星座是狮子座，在威尼斯旅行时，狮子曾被她视为带给心灵新生的图腾。在黄道十二宫中，狮子座正好是第五个。此外，在古老神秘的炼金术中——数字5，代表着宇宙。

因此，香奈儿一直把"5"视为宇宙中最神圣的数字，每次她开时装发布会时，也都会选择在5号。

她说："我是女性，我喜欢女性，了解女性，我给女性提供服装，带给她们舒适和自由。世界上所有的女性都应该是同类。我们可以开车，可以穿着美好的、具有女性特质的衣服去工作。我们也应该有一款真正属于自己的香水。我想为自己，也为广大的女性制作一种香水。而好的香水，就应该是人工制作出来的。单纯的花香属于大自然。玫瑰、百合，那些都过于单调了。如果要诠释一个女人的情感与梦想、深邃与智慧，人造香水自然是最合适的。"

当时，样本一选好，香奈儿就迫不及待地想验证一下5号香水的效果。

地点选在蔚蓝海岸的戛纳。香奈儿在身上洒了一些5号香水，然后进入一家高级餐厅，落座后，她很快发现顾客们进门时都会驻足一下，用鼻尖寻觅香气的来源。渐渐地，人多起来，便开始有人谈论，餐厅里神秘的香气是来自哪个品牌。

接着，她又在著名的十字大道上做试验。街道上游人如织，海风拂面，她悄悄地朝着空中喷洒香水，海风立刻带着香气拂过游客的鼻翼，游客们无不陶醉在妙不可言的香氛中。

就这样，香奈儿便深信不疑，她的5号香水一定会取得成功。

她带着100瓶5号香水小样回到了康朋街，开始思索香水的营销策略。

一开始，她并未在康朋街直接销售香水。而是当有大客户下单时，她才会让店员"秘密"地赠送给对方一瓶5号香水小样。

一切如她所料。很快，那个带着芬芳的"秘密"便像风一样吹遍了整个巴黎。

越来越多的顾客来到康朋街31号买衣服，离开前都会悄悄地问店员，是不是可以赠送一瓶香水小样……

1921年5月5日，"香奈儿5号"在巴黎康朋街正式发布。翘首等待几个月的神秘香氛，巴黎的女人们终于得见真容——金黄的液体，被封存在一个透明的玻璃瓶里，一如格拉斯的阳光被时间包裹，化作了液态的琥珀。

人们也第一次见到那样的香水包装。

米希亚曾在回忆录里感叹，香奈儿制作5号香水的玻璃瓶时，有多么地一意孤行。

那时的米希亚，陪着香奈儿一起去找玻璃大师拉里克设计香水瓶。按照当时的潮流，市面上的香水瓶几乎都是采用的切面工艺，玻璃瓶像钻石一样璀璨夺目还不够，还要加上各式各样的漂亮瓶塞。拉里克一口气设计了好几个瓶子，但最后，香奈儿选择了一个最简单的反潮流的瓶子——方方正正的瓶身，瓶盖的形状像极了八角形的旺多姆广场。甚至在瓶身上，也只有"5号，香奈儿，巴黎"等字样，瓶颈上则附着一个小小的双C标识。

"这看起来就像是一个药水瓶！"米希亚无法理解，"可可，你真的要拿这个瓶子装香水吗？"

香奈儿回道："我痛恨那些花香调的香水，也不喜欢洛可可式的包装，一切都显得矫揉造作。我认为瓶子应该为它盛装的香水服务。我们出售的是香水，不是瓶子。我希望顾客关注的是香水本身，而不是瓶子。"

而后来，5号香水创造的销量神话一再证明，香奈儿彼时的一意孤行，其实是另辟蹊径，一招制胜。

无论是香水的名字还是香水的包装，她都保持了香奈儿一贯的风格——简约的，就是高贵的。

香调：乙醛花香调
前调：格拉斯橙花、乙醛、香水树花
中调：格拉斯茉莉、五月玫瑰
基调：麦索尔檀木香、波旁香根草

——如今，购买一瓶"香奈儿5号"，仿佛还能依稀地在配方表上找到曾经它诞生于格拉斯的记忆。但实际上,"香奈儿5号"所用到的原材料就有八十多种,工艺始终无法复制。

很多人为它的气味而倾倒,也有很多人将其称为气味的艺术品。

它可以触动感官,令人抵达精神上的愉悦,也可以复苏一段记忆,用气味营造一个梦境。

如果说香水也有性别,那么"香奈儿5号"就是女人中的女人,优雅、性感、热烈、自由……却从不被定义。

像一记耳光那样强烈?

或者说像一匹贴身的绸缎,可以带着行走、憩息,而不是一朵浮云,一阵清风,稍纵即逝。

的确,所有用过"香奈儿5号"的人,都会"过闻不忘"。

好莱坞明星玛丽莲·梦露生前就将"香奈儿5号"列为自己最钟爱的香水。

在一次采访中,她俏皮地告诉记者,睡觉的时候,她只滴几滴"香奈儿5号"。

显然,梦露对"香奈儿5号"大胆又热烈的表白,又让这支风靡全球的香水增添了几丝妩媚香艳的色彩。

而当顾客们问起香奈儿,5号香水应该喷在什么地方时,香奈儿的名言由此而生——

> 如果问我香水应该喷在什么部位,我会告诉你,喷在所有你希望被亲吻的部位。

果然，直白是最好的文案。

一百多年来，"香奈儿5号"创造了一个又一个的销售奇迹，多次登上全球最畅销香水的宝座，也有力地巩固了香奈儿时尚帝国的霸主地位。

有媒体评价道："毋庸置疑，'香奈儿5号'就是香奈儿最完美的作品。"

诚然。但深究顾客为5号香水趋之若鹜的原因，想来除了品质之外，还有香奈儿人格魅力的加持。人们购买了"香奈儿5号"，就相当于购买了一个浓缩版本的香奈儿传奇，在芳香中打通记忆的脉络，仿佛便拥有了留住时间的魔力。

就像香奈儿曾经改变面料的命运一样，"香奈儿5号"也可以称得上是一次香水界的革新。她让合成香水被上流社会的人们接受和喜爱，让女人们在身体的自由之外，又回归心灵的自由。

也就像她曾经亲手改变了自己的命运一样，让自己从一个出身寒苦的私生女，变成了享誉全球的时尚大师。

而她真正意义上的最完美的作品，其实是一路逆流而上的人生——是她成全了自己，是她让可可·香奈儿这个名字成了岁月长河里的黄金，成了永久流传的经典。

第五章

"独裁者"的罗曼史

"我喜欢被爱的感觉。不被爱的女人是失败的,女人天生就该被爱。"

——可可·香奈儿

无论对方是贫穷还是富有,无论自己是十八岁还是八十岁,她都能永远拥有爱一个人的能力和勇气。她获得的爱,也将永远推动着她,温暖着她,让她在茫茫的时间之海,更好地握紧命运的罗盘,永不退缩,永不迷航。

可可与伊戈尔

只不过很多时候，人们并不愿意去辨别真伪，而是宁愿将自己的幻想投射在那些虚实莫辨的情感里，用小说里的弧光，抚慰现实的种种怅憾。

1920年冬，在巴黎的香榭丽舍剧院，俄国芭蕾舞剧《春之祭》再次登上舞台。

七年前，即1913年5月，《春之祭》在巴黎首演，曾引起了巨大的争议。那个时候，人们还不能接受那种原始的、带着强烈先锋精神的舞蹈与音乐。那个时候，香奈儿也还在多维尔寻觅商机，试图用自己的先锋精神，创造一种新的风格，引领时尚，解放女性的身体。

时隔多年，坐在观众席里的香奈儿，已经是巴黎最负盛名的艺术赞助商。她以一张30万法郎的支票，使迪亚吉列夫的芭蕾舞团起死回生，让《春之祭》重返舞台，也让《春之祭》的作曲家伊戈尔·斯特拉文斯基的声誉抵达了人生的巅峰。

"让我们最后再看一眼石器时代的一个生活场景吧……一个假

日，设想这是一个人们庆祝春天太阳的胜利的假日。当所有人长途跋涉走入树林享受着树木的芳香；当他们用早春的青枝绿叶编织成芬芳的花环，并拿花环把自己装扮起来；当人们跳起欢快的舞蹈，当所有的愿望都得到了满足……人们欢呼雀跃，在他们中间，艺术诞生了。他们非常接近我们，他们要歌唱。歌声飘过湖面，传遍了所有的小岛。熊熊的火焰闪动着黄色的光芒，火焰旁边人群移向昏暗的空地。白天汹涌的湖水此刻变得宁静平和，发出淡蓝色的幽光。在夜的欢笑声中，独木舟的剪影在湖面上自如地滑动……"

——当时，在加尔什的"绿色气息"别墅，斯特拉文斯基就坐在钢琴面前，随着缓缓流淌的旋律，为香奈儿朗读《春之祭》的脚本。他戴着一副圆形的眼镜，瘦长的脸上留着小胡子，嗓音低沉而迷人。那是他一生中最得意的作品。他告诉香奈儿，他的身体就是艺术的容器，音乐将带着充沛的情感与故事，经由他的手指缓缓流出。

很多年后，香奈儿还记得那种心灵的震颤。她发现当斯特拉文斯基沉浸在艺术中时，他平日里脸上的那种拘谨和羞涩都一扫而空了，像"契诃夫笔下的公务员"的形象也消失了，取而代之的是眼睛里充满了睿智的光芒，光芒连接着一个伟大又虔诚的灵魂。她被深深地打动了。

正是那种震颤，让香奈儿相信《春之祭》的回归，可以跨越从前的审美藩篱，抵达另一种艺术的高地。

是的，迄今为止，《春之祭》都是人类艺术史上一部影响深远的巨作。英国古典音乐杂志曾评选过对西方音乐历史影响最深远的50

部作品，第一名便是《春之祭》。无疑，《春之祭》是一部伟大的作品，一百余年来，人们不断从中汲取灵感，不断排演，不断致敬。并且，在为其叹服的同时，关于香奈儿与《春之祭》的作曲者斯特拉文斯基之间的那段虚虚实实的罗曼史，也一直被人们津津乐道……

香奈儿爱过斯特拉文斯基吗？

似乎她从未正面回答过。晚年时，她告诉莫朗，斯特拉文斯基曾向她求爱，但她并未答应。

在香奈儿眼里，斯特拉文斯基是一名来自俄国的流亡者，也是一位属于世界的天才艺术家。他教会了她许多的乐理知识，与她谈论瓦格纳，谈论贝多芬，谈论俄国的音乐，让她找到了时尚与艺术之间那条相通的河流。

她欣赏他的才华，所以愿意为他慷慨解囊，一次又一次地提供帮助。

早在1920年的秋天，斯特拉文斯基就已经和他的家人住到了香奈儿的郊区别墅。在那里，斯特拉文斯基可以安心创作，不用为了房租被人赶来赶去。他也的确在香奈儿的别墅里创作出了两首非常经典的作品，即《管乐交响曲》和《五指》。前者据说是为了悼念他的挚友克劳德·德彪西，后者却不禁让世人猜测，是否与香奈儿有着某种秘而不宣的联系，或者说，是香奈儿的风格影响了艺术家的创作——《五指》和"香奈儿5号"都包含着数字5，都是极简主义——《五指》里面所有的曲子皆由五个音构成，右手弹奏，左手和弦，从而将

"极简的旋律变成艺术的形式"。

"他很年轻,有些羞怯,但他很喜欢我。"谈到斯特拉文斯基,香奈儿如此说道。

她还告诉莫朗,斯特拉文斯基曾对她炽烈地表白和求婚。她提醒对方:"伊戈尔,您已经有妻子了。如果您的妻子凯瑟琳知道的话……"

斯特拉文斯基却用一种非常俄国的方式回答:"凯瑟琳知道我爱您。这么重要的事情,我不对她倾诉,又要对谁倾诉呢?"

后来,连塞特夫妇也参与了进来。

米希亚先是惊讶地问香奈儿:"可可,我看到伊戈尔在遛你的狗,你们是什么关系?"然后又满腹委屈地说:"当我想到斯特拉文斯基接受了你的资助时,我简直悲伤得说不出话来。"——因为只要斯特拉文斯基接受了香奈儿的资助,那么在整个先锋艺术圈中,香奈儿就会彻底取代她的位置。

而当斯特拉文斯基想要离婚迎娶香奈儿时,塞特甚至不惜编织了一个善意的谎言,声称卡柏男孩曾让自己照顾香奈儿。

米希亚则负责把斯特拉文斯基的情感事无巨细地转告给香奈儿:"斯特拉文斯基就在旁边的房间。他想知道你愿不愿意嫁给他。他已经手足无措了!"

香奈儿当然不愿意。

对于她来说,即便有一段惺惺相惜的感情可以让她忘记卡柏去世的痛苦,斯特拉文斯基也不是一个好的选择。她崇尚自由,特立独行，不惧怕流言蜚语，但在她的内心里，似乎从未轻视过道德。

香奈儿告诉莫朗，在拒绝斯特拉文斯基的时候，在整个先锋艺术圈里，只有毕加索能引起自己强烈的兴趣。不过遗憾的是，毕加索已是一个有妇之夫。

但斯特拉文斯基却依然爱着香奈儿。

按照米希亚的说法，斯特拉文斯基对香奈儿的爱是倾其肺腑、诚心诚意的，而香奈儿也打算把加尔什的别墅送给斯特拉文斯基，并持续资助他。

香奈儿有没有打算把加尔什的别墅送给斯特拉文斯基，已无从知晓，但她一直在资助他，倒是确有其事。香奈儿曾出钱给斯特拉文斯基的妻子治病，也曾将物资一次次寄往异国他乡。

有一封1933年的信件，是当时居住在美国的斯特拉文斯基写给米希亚的。他声称自己感到十分抱歉，总是向米希亚索取物资。但是，他依然请求米希亚把他糟糕的经济情况告诉香奈儿，因为他实在没有办法，眼看一家子连赖以生存的萝卜都吃不起了……

而当时，香奈儿与斯特拉文斯基也已经多年没有见面了。

大约是在1920年的冬天，斯特拉文斯基搬出"绿色气息"。

原因是米希亚的一封电报。米希亚在电报中告诉在西班牙演出的斯特拉文斯基："香奈儿只是一个随性小裁缝，她喜欢公爵而不是艺术家。"

据说那封电报差点让斯特拉文斯基疯掉。

从此之后，斯特拉文斯基与香奈儿之间的默契就大打折扣。戏剧性的是，斯特拉文斯基很快便爱上了一个芭蕾舞演员，还带着对方与缠绵病榻的妻子一起生活，一起接受香奈儿的接济。

而在几十年后，上天也给予了他们一个惊人的默契，那就是他们在同一年相继离世。

许多年后，一位英国小说家把他们的故事写进了书里，名为《可可与伊戈尔》。

在这本书中，香奈儿与斯特拉文斯基曾有过一段浪漫的情史。他们在加尔什的"绿色气息"里情愫暗生，在叮叮咚咚的钢琴曲中度过了许多个漫漫长夜。他们爱得隐秘而深沉，彼此都将这段美好的回忆印刻在心里最柔软的角落。

小说里的香奈儿是斯特拉文斯基的灵感女神，他为她创造出了经典流传的作品。斯特拉文斯基也给了香奈儿很大的动力，使她创造出了永恒的"香奈儿5号"。她在他的房间里喷洒香水，他教她弹奏钢琴，空气里都是流动的香气。

小说中还特意提到了他们在同一年去世的情节——去世前，香奈儿还在听斯特拉文斯基的钢琴曲。她对斯特拉文斯基至死不忘，常因思念而泪流满面。在遥远的美国，垂暮之年的斯特拉文斯基也经常擦拭香奈儿的照片，在他心里，一直把香奈儿当作自己最爱的女子。后来，就像一个来世的约定，在香奈儿撒手人寰后不久，斯特拉文斯基悲痛欲绝，很快便追随她而去。而香奈儿在弥留之际，还深情地凝视着斯特拉文斯基送给她的那座圣像……

但小说毕竟是小说，无论情节写得多么动人心弦，也难免有虚构的成分。只不过很多时候，人们并不愿意去辨别真伪，而宁愿将自己的幻想投射在那些虚实莫辨的情感里，用小说里的弧光，抚慰现实的种种怅憾。

1921年，三十八岁的香奈儿依然窈窕如少女。她喜欢穿黑衣，习惯把双手插在口袋里，讲起话来滔滔不绝，走路亦是来去如风。她浑身散发着随性的优雅，却又有一种野性迷人的魅力。她的照片开始频繁出现在各大杂志的社会版块，事业上的成功，让她跻身社会名流的顶端。她也越来越富有——5号香水销量的节节攀升，几家店铺的服饰供不应求。人们仰望着她，不断地谈论着她，有人说她贪恋男色，也有人说她唯一的兴趣就是工作，对卡柏以外的男人从未付出过真心。

当那些话传到香奈儿耳朵里时，她都置之不理。

她只是告诉朋友，她热爱工作，但同时，她也喜欢被爱的感觉。她喜欢征服男性，却希望做女人中的女人。她练习舞蹈，保持身材，不是为了吸引异性，而是为了取悦自己。她不断更换情人，并非为了寻找爱情，而是为了填补内心失去卡柏的虚空，为了享受为情人一掷千金的自由。

"我可以不爱别人，但我无法忍受没有人爱我。"香奈儿还告诉莫朗，如果把自己的头砍掉，那么人们一定会发现，她的身体里其实住着一位情窦初开的少女。

的确，对于香奈儿来说，她很早就明白了爱情并不是女人唯一的归宿，但没有爱情，女人就会沦为心灵的流浪者，失去了精神的养分。

因此，直到去世，她都没有停止过恋爱，就像她从未停止过工作一样。

德米特里大公与斯拉夫魅力

时间在流逝，人生在拓展，与其说她一路踩着男人的肩膀登上财富的巅峰，不如说她把每一任恋人都当成了成长的驿站。

"可可喜欢公爵而不是艺术家。"——米希亚的那封告密的电报差点断送了她与香奈儿的友谊，但事实上，她说的并无不对，那个时候的香奈儿，情感的天平已经倾向了公爵一边。

德米特里·帕夫洛维奇是沙皇亚利山大二世的孙子，末代沙皇尼古拉二世的堂弟。因为太子身体抱恙，尼古拉二世一度有传位给德米特里之意。所以，如果不出意外的话，他极有可能成为沙皇的继承人。他身材高大，有着玉像一般精雕细琢的容颜，曾被称为"俄国第一美男子"。其实一直以来，缠绕在他身上的标签都没有变过，即俊美无双，际遇非凡。

多年后，小加布里埃提及记忆里的可可姑婆，依然记得可可姑婆与德米特里大公的那段恋爱:"她与德米特里大公有过一段短暂的罗曼史。大公比她年轻八岁,拥有一张闪耀着浪漫主义主角光芒的迷人脸庞。"

但迷人的德米特里,他的人生,很大一部分都属于消极的浪漫主义。他出生的那一天就是母亲的忌日。后来,他父亲再娶,他和姐姐被逐出家门,只能寄人篱下。收养他的是谢尔盖大公。在他少年时,谢尔盖大公又死于非命,他随后被送往军事学院。二十五岁那年,怀着满腔报国热情的德米特里被流放异国。几年后,十月革命爆发,他很多的亲人都被处死了。而他正因为被流放,才刚好逃过一劫。那个时候,他虽然已经失去了所有的财产,但依然频繁地出入英国社交界,希望有一天可以登上沙皇的宝座。

德米特里是如何遇见香奈儿的呢?

很多传记作家都认为他们是在1920年的秋天初遇的——在比亚里茨,德米特里以曾经的皇室成员与沙皇继承人的身份给香奈儿写了引荐信,让她去格拉斯寻找恩尼斯·鲍……不久后,"香奈儿5号"便诞生了。

实际上,早在1911年,他们就见过面了。德米特里的日记里写道,当时他在巴黎见到了煤业大亨卡柏男孩,他们一起切磋了马术。他还告诉卡柏,他将代表俄国去参加来年的奥林匹克运动会。他也向卡柏男孩表示了自己的惊奇,对方身边的可可·香奈儿居然是一位马术高手。

1914年，他们第二次在多维尔相遇。那时战争即将到来，卡柏男孩依然陪在香奈儿的身边。在柔软的米色沙滩上，来自各地的旅客们支起帐篷，或游泳，或悠闲地享受野餐，或深夜纵酒，或参加热情的篝火晚会。德米特里可以与卡柏男孩讨论骑术，谈论世界的局势，也可以与当红的女演员打情骂俏——彼时好莱坞的导演想邀请他出演一部新剧，对方真诚称赞他的容颜可以媲美任何一位男演员。那个时候，德米特里印象里的香奈儿娇俏美丽，但并不喜欢多说话，毕竟卡柏男孩的光环远远超过了他的女朋友。

　　那一年，德米特里还去参加了比亚里茨举办的马球赛。与此同时巴尔桑也参加了，他在比亚里茨有一片土地，非常适合纵马驰骋。巴尔桑的家中就曾摆着一座比亚里茨马球赛的奖杯，上面刻着获胜者的名字——艾提安·巴尔桑，而奖杯的另一面，刻着的正是——德米特里·帕夫洛维奇。

　　德米特里是以什么样的身份去参赛的，现在已无从知晓。我们只知道那个时候的德米特里，还是一个鲜衣怒马的翩翩贵公子，他富有、优雅、自信，喜欢社交，不知沙俄大厦将倾，尚有大把大把的好年华可以挥霍。

　　德米特里的姐姐——女大公玛丽·帕夫洛维奇曾在回忆录里描述过弟弟的那段时光："他拥有巨额财产，经常将责任抛诸脑后……他拥有英俊的外表，魅力非凡，大家都觉得他是最受沙皇器重的人……但是在欧洲，还没有哪位王子像他那样喜好社交，至少，是那么明显地社交。他就像走在一条黄金铺成的路上，绽放着耀眼的光芒……是注定吧,他的生命就是注定要像明星一样,金光灿灿。"

显然,那个时候的女大公也不知道沙俄政权已经岌岌可危,若不然,她也不会反复地写道"注定"——世事波诡云谲,王朝都能在一夕轰然倒塌,还有什么人生可以注定,又还有什么光芒可以永恒不灭呢?

1920年,香奈儿再次遇到德米特里时,她刚失去了卡柏,正独自一人走在金光灿灿的财富之路上。而德米特里,除了高贵的血统,俊朗的脸庞,其实早已一无所有,甚至成了一个需要依靠他人资助生活的男人。

德米特里在日记里称香奈儿是"老朋友",还写到了香奈儿在他面前所表现出来的脆弱的一面,他感觉到了卡柏之死是她心里最深的伤痛。因此在与香奈儿见面时,他都尽量不提及卡柏。

他们之间,的确算得上是故人重逢了。大约就是在那年的冬天,他们开始频繁地约会——或许,香奈儿也正好可以从斯特拉文斯基炽烈的爱中逃离出来。

1920年的某一个冬日,斯特拉文斯基要去西班牙演出。临行前,他对香奈儿说:"我们一起去吧。"

香奈儿说:"我会去那里找您。"

将香奈儿留下的是德米特里。

她后来告诉莫朗,对于流亡的皇族王子,她内心非常同情,他们向旁人表明身份是一种哀愁,但不表明,却会更加哀愁。

香奈儿被年轻的大公迷住了，一颗心沉醉在对方哀愁的蓝眼睛里。

她请德米特里吃饭，满脸真诚地邀请他去度假："我新买了一辆小劳斯莱斯，蓝色的，相信你会喜欢。巴黎的冬天太寒冷了，我们一起去蒙特卡洛晒太阳吧。"

德米特里有点犹豫："可是我没有钱，我身上只有一万五千法郎。"

香奈儿诚恳地说道："足够了。我也可以带上一万五千法郎。三万法郎足够我们开开心心地玩上一周。"

德米特里答应了。

香奈儿立即为他们的旅行买了一辆新车，当然会与她承诺的一样——蓝色的，敞篷的劳斯莱斯。

第二天，他们便开着新的汽车去了蒙特卡洛。

而就在他们出发的时候，米希亚的电报已经抵达了西班牙。

德米特里在日记里也记载了他与香奈儿的那次旅行。他写了自己是多么喜欢那辆劳斯莱斯，汽车在沿海公路上疾驰，仿佛是御风而行，让他体验到了久违的轻松和快乐。

他还写道："与亲爱的可可·香奈儿在一起，我真是由衷欣赏她那良好的精神状态。她善于制造一些小惊喜，令我觉得内心惊喜……我想在这个时候，我再也无法选择一个比可可更好的朋友了。"

值得注意的是，在很多版本的传记和电影里，香奈儿与德米特里的那段恋情，描述的都是德米特里如何追求香奈儿的。但通过德米特里的日记，我们看到的却是，从一开始就是香奈儿主动在接近德米特里，并且她很快就得到了德米特里的回应与倾心，从而掌握了恋爱的主动权。

香奈儿邀请德米特里入住豪华套房，在音乐与香氛中与他彻夜谈心。她知道当时的德米特里正烦恼缠身，因为远在俄国的西里尔大公的夫人，一直认为自己的丈夫才是未来的沙皇，她听到德米特里的一些动态后，便特意赶到巴黎，向媒体控诉德米特里觊觎皇位，并声称德米特里是叛国者，应该被枪毙。当然沙皇帝国已经落幕，也没有人会枪毙德米特里。只是，对于落魄的德米特里来说，媒体并没有站在自己这边，这已足够让他的信念不复从前。可以说，一直支撑他的那个精神内核已经悄然坍塌了。那段时间，他经常借酒浇愁，在伏特加的作用下烂醉如泥，试图逃避现实的寒凉。

说到自己的烦忧，香奈儿母亲般的温柔给了德米特里极大的安慰。在香奈儿面前，他可以尽诉心声。而每次吃饭的时候，香奈儿也都会悄悄付账，只让服务员递给德米特里一张小小的账单，来满足他"身为大公的尊严"。

同时，香奈儿又会像少女一般时常制造浪漫。德米特里的日记里记录了他们回巴黎的一个情节，那一天，下了很大的雪，德米特里告诉香奈儿，下雪后的法国乡村让他想起了童年，想起了遥远的家乡，真是悲伤又动容。香奈儿听到后，就把车子停在路边，他们就那样在纷纷扬扬的雪花中一起喝热可可，用轻柔的声音聊天。德米特里看到香奈儿姣美的侧脸，突然心动不已。

等他们的旅程快要结束时，德米特里在日记里恋恋不舍地写道："想到明天旅行就要结束了，不免有些悲伤。"

而当他们抵达巴黎后，德米特里珍藏多年的那条价值连城的俄国宫廷项链，就已经戴到了香奈儿的脖子上。

香奈儿很喜欢德米特里送她的那条项链，层层叠叠的白色珍珠，戴在她修长的脖颈上，与她常穿的黑色衣裙形成了鲜明的碰撞，于是，一种温婉又犀利的王者风范便产生了。

如果说他们的相遇促使了"香奈儿5号"的诞生，那么在他们之后的恋爱关系中，那条项链，就是她将对方彻底俘获的证明。

而德米特里也顺水行舟，搬到了香奈儿的别墅居住。他们的感情迅速升温，在整个巴黎都已经是公开的秘密。

后来，香奈儿也送了德米特里一份礼物，那就是为他们恋情设计的一款香水，名为"俄罗斯皮革"，每一缕香气里，都缠绕着他们相恋过的记忆。

不仅如此，香奈儿还聘请了德米特里的姐姐玛丽来为她工作。

她给了玛丽一个工作室，待遇非常丰厚。玛丽回馈给香奈儿的，便是来自沙俄宫廷的精湛的刺绣技艺和沙俄女大公的非凡影响力。

玛丽在回忆录里写："我们的身边形成了一种氛围，我们是异乡人，与所在的国家没有任何关系，我们只需要埋首生活，一种与众不同的生活。"

在巴黎，玛丽与昔日的亲朋好友们都会心照不宣地不再提及过往的辉煌，每个人都小心翼翼地守护着心底的悲惨记忆，每个人都尽可能地利用身边的资源来谋生。他们想让自己变得超然，即便不合逻辑，也要快乐地生活着。有些人成为女装模特，以她们高贵的血统和清冷的气质在生活的夹缝中谋求生机。

而当香奈儿看到了玛丽的刺绣技艺之后，立即感受到了一种油然而生的亲切。她认为正是那些流亡巴黎的俄国人教会了法国人一个道理，那就是女人出来工作并不是一件丢脸的事情。

香奈儿给了玛丽一个工作室，令其做负责人。德米特里的朋友成了香奈儿的前台接待。香奈儿还聘请了一些俄国姑娘当她的模特——她们都曾是贵族的女儿，气质里有自带的清贵。她们看到德米特里时，会用温和又虔诚的声音称呼他为"陛下"，并旁若无人地亲吻他的手背，全然不理会巴黎客人们的一脸惊讶的表情。

香奈儿说："我被俄国人的魅力吸引了。我曾经认为，所有从奥弗涅来的人，身上都有着一种神秘的不易被他人察觉的东方气质。现在我看到了在俄国人身上，就带着这种气质……是的，就是斯拉夫魅力。"

斯拉夫魅力——香奈儿为生命中那段与俄国人密切联结的时光命名，她曾为之深深着迷，也曾因此而获得巨大的商业财富。

就像曾经打开卡柏男孩的衣橱，解放了女性的身体，与德米特里恋爱之后，她又设计出了"斯拉夫"时装系列。

恋人家乡的刺绣工艺、着装风格都带给了香奈儿无限的灵感。在那个常年被冰雪覆盖的国度，白色，是一种近乎神圣的颜色。她把德米特里的俄国衬衫设计成低领的纱衣，把俄国农民穿的短衫改成长款的方领衬衫。她在风衣的衣领部位加上雪白的人造毛皮，用丝绸和雪纺装点女性的身线。白色的连衣裙上，俄罗斯的宫廷刺绣是最美妙的点缀。

1922年，法国《时尚》杂志如此评价香奈儿的刺绣外套："可可·香奈儿的新作品，就是青春和美的化身。"

不过，纵然有过千般浪漫，万种美好，香奈儿与德米特里之间的恋情还是在1924年的夏天画上了休止符。

三年的时间里，香奈儿对德米特里的激情早已退却。她不想再资助他，而他也知趣地退出了她的生活。分手后，他们依然保持着终生的友谊。之后，德米特里迅速与一位美国的富家女结了婚，香奈儿则成了先锋艺术圈举足轻重的人物，毕加索眼中的"欧洲最有灵气的女子"，以及媒体所报道的"获取三大洲财富的欧洲最富有的女人"——彼时她已经拥有3000多名员工，所有的女人都为她的设计趋之若鹜。

是的，她身边追求者不断，事业也正在一步一步走上巅峰。

那个夏天，香奈儿受邀为芭蕾舞剧《蓝色列车》设计戏服。

法国艺术家让·科克托是《蓝色列车》的创造者，当记者问起他为何要邀请香奈儿担任服装设计师时，他说："可可·香奈儿是这个时代首屈一指的设计师，也是一位艺术家，你告诉我，舍她其谁呢？"

《蓝色列车》的戏服依然带着浓烈的香奈儿风格，她采用舒适的针织面料，给演员们设计了整体风格一致且个人特色鲜明的运动系列，搭配高尔夫球鞋和网球拍，首演即受到一致好评。

有媒体记者写道："作为时尚的领导者，香奈儿已经跳脱了'时尚'的束缚，成了一个'置身事外'的人。她是时尚设计师，却不关注时尚。她真正关注的，只有自己的风格。然而诡异的是，就算是她即兴创作的风格，也永远不会过时。"

而翻开女大公玛丽的回忆录，我们可以得到另一种解读。

在玛丽的记忆里，香奈儿是一个天才，一个独裁者，但她同时也是一个革命者。而且，革命的意义远远高于她的才华与专制。曾经的巴黎乃至整个欧洲，女装业都是由男性垄断，他们的技艺可以做出工艺品一般的服装，但是他们只会小心翼翼地为一小群上流社会的女人服务。香奈儿通过时尚革命，通过日复一日兢兢业业地工作，让普通的女人们的身体得到了新生，也让更多的普通女性穿上了舒适大方的服装。她受到的喜爱和追捧，实质上，也是一种广泛的对自由的共鸣。

那个时候，当那些时尚杂志都称呼她为"艺术家"时，她却说自己只是一个匠人。她告诉记者，时尚不仅仅存在于衣服当中，时尚还可以随风飞扬，你感知它，呼吸它，它便无处不在。

当朋友们称她为"恋爱大师"时，她则亦真亦假地说，自己其实只是一个渴望被爱的小女人。

或许是吧。对于一个视自由为生命的女人来说，她一生情人无数，有过轰轰烈烈的炽热，也有过细水长流的温柔，她可能并没有那么爱他们，但她也的确认真对待感情。

时间在流逝，人生在拓展，与其说她一路踩着男人的肩膀登上了财富巅峰，不如说她把每一任恋人都当成了成长的驿站。

一生那么漫长，恋情不是天堂，也不是深渊，恋情只是最好的驻颜术，也是永恒的能量之所。

所以，无论对方是贫穷还是富有，无论自己是十八岁还是八十岁，她都能永远拥有爱一个人的能力和勇气。她获得的爱，也将永远推动着她，温暖着她，让她在茫茫的时间之海，更好地握紧命运的罗盘，永不退缩，永不迷航。

圣奥诺雷时代

或者也可以说,让她拥有造梦之力的,是痛苦的驱使也好,是强烈的对自由的渴望也好,总之不会是幸福。从这层意义来说,幸福是温柔的良夜,让人不知不觉沉溺其中,久而久之,便也失去了改变的动力。

"在我的记忆中,那是一座雄伟壮观的府邸,室外的花园一眼望不到尽头,一直延伸到加布里埃尔大街。在这座豪宅里,姑婆举行了一场又一场星光璀璨的宴会……我那时因为年纪还小必须要早早上床,但还是对其中的一场宴会记忆犹新:那是为迪亚吉列夫举办的宴会,乐队演奏响彻云霄,欢笑声不绝于耳,整个花园灯火通明……"

很多年后,小加布里埃还记得属于她可可姑婆口中的"圣奥诺雷时代"。

1924年,香奈儿买下了位于圣奥诺雷街的一座豪宅,并亲自担当装修设计师。

室内的一切风格都按照自己的喜好来操作。她用的是米色的地毯，泛着丝质的光泽，如上好的雪茄。窗帘是栗色的，材质为天鹅绒，金色的束带坠着丝缎，像金光闪闪的皇冠。新宅的每一样家具，都有着来自时间的力量。她认为历经岁月打磨的器物本身具有一种特别的美感，譬如打上白蜡的栎木家具，每一寸纹理都透露着上古时代的安详。她令人买来奥弗涅的深色木料，青黑色的梨木，纹理细腻的樱桃木，她把那些沉重的木料搭配玳瑁和水晶，制作成别具一格的家具，用来映照灵魂，贮存流逝的时间。

而在众多的房产之中，香奈儿也的确对圣奥诺雷街的房子最为钟爱。那里不仅见证了她在先锋艺术圈不可替代的地位——她经常大宴宾客，毕加索、达利、科克多、迪亚吉列夫……那些如雷贯耳的名字都曾是她的座上嘉宾，也收藏过她的几段罗曼史和文学之路上的点点亮光。

身为豪宅的女主人，香奈儿经常会邀请上流社会的人物来到圣奥诺雷街，她完全有能力为他们提供一套奢华的服务。她也很快发现，当对方确定自己的快乐可以尽情享用时，他们就会放下所有的戒备，继而将天性中的优雅和风趣释放出来，变得可爱又迷人。

所以，她认为自己是在用金钱购买快乐。

在旁人看来，她似乎有取之不竭的金钱。而自始至终，她对金钱的态度都是豁达的，她经常为朋友慷慨解囊，也经常告诉自己，不要成为金钱的奴隶，而是要成为金钱的主人。她喜欢花钱。对于喜欢花钱的人来说，花钱就是一种解放。

童年时，她总是幻想自己有一天可以打开金钱的大门，也做过无数疯狂的挥霍之梦。她还想象着长大后的自己穿着白色的裙子，戴着白色的花冠，站在属于自己的房间里，看着窗帘在风中一下一下地翻飞。

但事实上，因为贫穷，那个时候的她只能跟着病重的母亲寄人篱下。在别人的家里，她和姐妹们曾因一时顽皮撕下了房间的墙纸，而母亲脸上的悲戚深深刺伤了她。她认为就是那件事，让她失去了整个童年感知快乐的能力。

现在，在尝尽世间的苦难和孤独后，梦终于变成了现实。

她成了自己的造梦人。

香奈儿曾说，一个人的房子，就是一个人灵魂的反映。小说家巴尔扎克就曾告诉她，房子的布局甚至比穿着还要重要。

就像她曾经把别墅借给斯特拉文斯基居住一样，在圣奥诺雷街，她也随时为毕加索和勒韦迪留着房间——他们是可以与她一起分享灵魂的人。

皮埃尔·勒韦迪，如今人们提及这个名字，会称他是"二十世纪法国现代主义诗歌的源头之一""被现代主义诗人们奉若神明的人物"，不过与香奈儿相识时，他的名气还远远没有达到光耀一个时代的程度。

在先锋艺术圈里，勒韦迪偶尔会以毕加索亲密朋友的身份出现，但大多数时间里，他只是一个孤僻又落魄的诗人，写着耀眼发光的句子，却生活得格格不入。

勒韦迪与香奈儿因《蓝色列车》相识。当时的勒韦迪，就坐在毕加索的身边，他年轻、英俊，一双深邃的黑眼睛犹如夜幕上明灭的孤星。和香奈儿一样，勒韦迪的祖籍也在塞文山区。成年后，勒韦迪在蒙马特高地以校对报社文稿为生，后来开始写作，出版诗集，又和毕加索一起参加先锋运动。在巴黎的艺术圈，他是清贫又倨傲的诗人。

第一次见到传说中的可可·香奈儿，勒韦迪就深深地被对方的魅力吸引了——对方是一个浑身都散发着故事感的女人。他在朋友们的口中听说过她的过去，在杂志记者的笔下得知，一个来自奥弗涅山区的小裁缝是如何一步一步成了巴黎的时尚女王。他赠送给香奈儿一本诗集，期盼着那本书可以成为搭建彼此心灵的一座桥梁。

香奈儿也很快被勒韦迪身上那种深入骨髓的忧郁气质所吸引。如此，一首诗，即可投石问路。在很多个深夜，她打开他的诗集，读"飞逝的鸟儿、夜晚的声音、流浪者的足迹……"不由得心湖荡漾。

她爱惜他的才华，便愿意资助他写作。

只是香奈儿没有想到，那样忧郁的、清冷的气质，是勒韦迪创作的源头，也是他内心的牢笼和枷锁……

同样，勒韦迪也没能逃脱斯特拉文斯基误入的情感窠臼，在圣奥诺雷街借住一段时间后，勒韦迪就找到毕加索，声称自己已经无可救药地爱上了香奈儿。但很遗憾的是，他的爱注定是个错误。在蒙马特，深爱着他的妻子正在辛苦工作补贴家用，而他，经常身无分文。

无法抑制的爱意，让勒韦迪的内心充满了痛苦。那么他爱香奈儿什么呢——金钱、地位、聪明的头脑，还是特立独行的魅力？

勒韦迪永远无法理解香奈儿对成功的极度渴望。他口口声声说爱的是她的本真。她曾经向他敞开心扉，倾诉过去。他则告诉她，他永远爱着那个在修道院的星空下，想象远方和未来的孤独的小女孩。

他说："亲爱的可可，不管世界如何变化，都请你保持本真。你不知道，原来的那个你，对我而言有多么重要。"

而对于香奈儿来说，从童年时代开始，她就渴望出人头地，渴望用金钱换取自由。与其说选择本真，不如说选择自我，如若不然，一个人咬牙坚持的意义又在哪里？

> 一盏微亮的灯
> 一个读书的女人
> 身影如纺锤，在角落里
> 她悠闲的脚是多么美丽
> 线圈存于内心
> 故障存于马达
> 我被不知名的磁石驱动着
> 让我的眼睛迷途
> 让我的爱情错误
>
> ——皮埃尔·勒韦迪

勒韦迪给香奈儿写诗，那些字句就像滚烫的眼泪，滴落在纸上。他一边痛苦着，又一边咀嚼着痛苦，创作出动人的诗篇。

而香奈儿，为了让勒韦迪的名气更上层楼，她也曾数度秘密拜访出版商，为勒韦迪自费出版诗集。她自然能读懂他心里那凝结已久如寒冰一样坚硬易碎的自尊。在圣奥诺雷街居住的时候，勒韦迪就经常莫名其妙地大发雷霆，没有谁知道，是哪一个人、哪一句话刺痛了他。可能是一场盛大的宴会，或许是香奈儿轻轻签出的一张支票，又或许仅仅只是一件从奥弗涅运送过来的家具……他会经常因为无法面对香奈儿，选择不告而别，最后，再痛苦地回来。

就像有人说的，人类所有的痛苦，都是对自己无能的愤怒。勒韦迪蔑视金钱，却爱上了"欧洲最有钱的女人"；厌恶世俗，却喜欢葡萄酒带来的世俗的快乐；追寻本真，有着强烈的自尊，却始终没能找到本真，也无法让自尊成为振奋内心的力量。

于是，他只能选择逃避。他搬出了圣奥诺雷街，与妻子一起住到了卢瓦尔河畔，在修道院旁边的小木屋里继续过着清贫的日子。

然而时间一年一年地流逝，四季变换更迭，他埋首诗歌之中，栖身世俗之外，依然无法抑制自己对香奈儿的思念。

> 亲爱的可可
> 时间如流水远去
> 四季年年变换
> 生活黯然失色，我的眼睛无法寻找光明
> 蓦然回首，生活的黑暗已经胜过了夜色
> 只有我对你的心，我的爱人

依然清澈如昔，闪着光亮

而其他的一切，都可以忽略不计

————皮埃尔·勒韦迪

  这一首流传甚广的情诗，就是勒韦迪在卢瓦尔河畔写给香奈儿的。

  后来，晚年时的香奈儿在老朋友莫朗的面前回溯往昔，谈及童年、青春、生命中的爱与孤独……但对于她和勒韦迪之间的那段感情，她还是选择了缄默。

  只是有一次在与当时的法国总统乔治·让·蓬皮杜吃饭时，她送给总统一本勒韦迪的诗集，并建议总统，把勒韦迪的诗歌加入课本。

  "痛苦的受虐狂。"香奈儿曾如此评价勒韦迪。她还说："勒韦迪是一个伟大的诗人。"

  关于痛苦，香奈儿大抵比任何人都明白，对于有些人来说，痛苦是才华的必经之路。

  依然是在暮年，香奈儿告诉世人："当我看到童年的幸福给人们带来了多少羁绊时，我便不再为经历过的不幸感到痛苦。"

  或者也可以说，让她拥有造梦之力的，是痛苦的驱使也好，是强烈的对自由的渴望也好，总之不会是幸福。

  从这层意义上来说，幸福是温柔的良夜，让人不知不觉沉溺其中，久而久之，便也失去了改变的动力。

当然，勒韦迪除了是一个诗人，还是她的追求者，她的引路人，她曾经的秘密恋人。他带给她许多温柔的感动，也带给了她一个文化的时代。

无论在哪里居住，香奈儿都一直保持着对阅读的热爱。彼时，在圣奥诺雷街的书房里，勒韦迪就经常坐在她的旁边，与她一起阅读里尔克的诗集，为她讲解洛特雷阿蒙的长篇散文诗，带她领略超现实主义下的语言的奥妙之境……言语辛辣的《道德箴言录》——曾是他们珍爱的枕边书。

后来香奈儿受邀给时尚杂志写专栏，名曰"香小姐看……"，里面的许多金句，看似戏人实则蕴含哲思，从中可以看出勒韦迪的文字风格以及审美喜好对她的影响——

"与其介意别人的背弃和恶意，不如经营自己的尊严与美好。"

"温驯是干不了大事的。除非你正好是一只在下蛋的母鸡。"

"既然有时间去抱怨生活的枯燥，为何不用那些时间来工作和恋爱呢？"

"优雅，就是懂得拒绝。"

"自由是什么？自由就是可以躲进自己购买的房子里哭泣。"

比香奈儿大一岁的女作家伍尔夫曾告诉英国的女孩们，一个女人想要获得自由，就必须要有钱，和一间自己的房间。

金钱，可以让人经济独立，而房间，则是容纳灵魂的空间。

是的，如果说"圣奥诺雷时代"带给了香奈儿什么，除了在先锋艺术圈的地位和时尚界的声誉，应该还有一种可以照亮童年的自由的光辉。

就连发生在圣奥诺雷街的风流韵事，也都镀上了一层自由的金边。

她可以自由自在地在那里恋爱，读书，放松身心，梳理灵魂。

那是属于她的豪宅，是她亲手装修的小世界，也是她创造的一种生活。

所谓背弃和恶意，她都曾遭受过；所谓尊严和美好，她都已经得到。

就像有一张她在圣奥诺雷拍的照片，手持香烟，眼神里充满了对未来的自信。

她是自由的，便自信往后会拥有更广阔的人生，更匹配的爱情。

因为凭借双手创造的一切，她都相信——自己配得上。

富可敌国的恋人

对于香奈儿来说，在爱情的世界里，一直有着取之不竭的设计灵感。爱是一扇门，推开后便是豁然贯通的天地；爱是星火，足以点燃生命中各种各样的奇迹。

香奈儿一生情史浩瀚，恋人无数，但千帆过尽之后，在外人面前，她却一直只愿意承认，自己仅爱过两个男人。

一个是卡柏，可惜斯人已逝。

另一个，便是富可敌国的威斯敏斯特公爵。

而这个充满了金钱的光芒与浪漫的色彩的爱情故事，还要从一个名叫"维拉·贝特"的女子说起……

出生在英国的维拉，本是一个身世凄苦的孤儿，小小年纪便被亲生父母抛弃。但阴错阳差，长相甜美的她有一天竟被英国王室收为养女，从此成为贵族的一员。大约是在1923年的时候，维拉来到康朋街购物，很快与香奈儿成了朋友。就像当初通过米希亚的牵线搭桥，香奈儿得以进入巴黎的先锋艺术圈一样,这一次通过维拉,香奈儿又成功将品牌的知名度打入了英国的上流社会。她趁热打铁聘请维拉当自己的公关经理,果然,此后英国的订单便隔三岔五地飞入康朋街。不过,令香奈儿意想不到的是,维拉不仅为她带来了财富和品牌影响力,还为她带来一份独特又难忘的爱情。

在香奈儿的回忆中,她与威斯敏斯特公爵是在"飞云号"上相识的。

那一天,香奈儿和维拉正在南法度假。慵懒的午后,白云一朵一朵盛开在酒店的窗外,两位传奇女子正在享受香槟的芳醇。经年轻的服务生温柔提醒,维拉小姐读到了一封神秘的电报。

"本多尔,他真是个可爱的人。"在维拉的口中,香奈儿再次听到了那个名字,那个据说每分钟就可以进账一枚金币、拥有私人火车、两艘邮轮、无数房产和土地、"浑身散发着莱茵石一样的光芒"的人。

维拉告诉香奈儿,本多尔,即威斯敏斯特公爵二世——休·理查德·亚瑟格罗夫纳、英国国王乔治五世的表弟,他的"飞云号"就停在摩纳哥湾,他希望以"飞云号"主人的身份,邀请香奈儿小姐共赴晚宴。

"他会给你什么好处?"香奈儿打趣道。

"一份重赏,或者说一份我梦寐以求且极为需要的礼物。亲爱的可可,帮我这个忙,我保证你不会失去任何东西,而且本多尔对你仰慕已久。"

香奈儿被维拉的坦率逗笑了:"我对威斯敏斯特公爵并无多大兴趣,但为了你的礼物,我会让步。"

然而戏剧性的是,香奈儿也收到了一封来自巴黎的电报。德米特里大公告诉香奈儿,他将在第二天抵达南法。

于是,香奈儿取消了与威斯敏斯特公爵的晚宴。

很多年后,香奈儿还记得德米特里表现出的那种迷人的洒脱——当维拉提及"飞云号"上的晚宴时,他对两位女士说:"如果我也可以被'飞云号'的主人邀请,我想我会很荣幸。"

维拉笑起来。两个小时后,德米特里便收到了威斯敏斯特公爵的邀请函。

香奈儿叹息道:"德米特里,你不应该推动命运。"

但无论如何,众人的命运还是被推动了——世间的因缘,从来就是环环相扣的。有时候看似是无心插柳的介入,实则是久别重逢的召唤。

在"飞云号"上,四十岁的香奈儿见到了四十四岁的威斯敏斯特公爵。

英国的公爵由此爱上法国的时尚女王。

而威斯敏斯特公爵古铜色的肤色和言行举止中散发出来的纯正的英国气质也一度令香奈儿想起了卡柏男孩。

当然,还有弥漫整个摩纳哥湾空气中散发的那种金钱的气息——世间有几个人可以对这种气息心如止水呢?别人穷其一生想要得到的东西，威斯敏斯特公爵一出生就得到了。他是天生的贵族，是"大不列颠"的主人，一出生就站在了高人一等的近乎"神"的境地。

如维拉所说，对于刚恢复单身的威斯敏斯特公爵，全英国的女人都想去将他俘获，然而他只对可可·香奈儿感兴趣。因为香奈儿从不试图猎捕他。

但在香奈儿看来，那个时候的威斯敏斯特公爵，对金钱的不在乎和自身良好的教养，才是他真正的魅力所在。

接下来，便是威斯敏斯特公爵对香奈儿展开的漫长的追求。

在那场万众瞩目，牵动英、法两国媒体的追求中，威斯敏斯特公爵表现出了极大的耐心。在香奈儿身上，他的耐心就好像他的金钱一样，永远也用不完——其间包括香奈儿与德米特里大公分道扬镳，与诗人勒韦迪发生情感的纠葛，以及他自己与威尔士亲王之间的"绅士竞争"，一直到1925年，他才终于一骑绝尘，甩掉了所有的对手，成为香奈儿小姐的正牌男朋友。

香奈儿去世后，她的女佣向一位传记作者提及，后来的温莎公爵、曾经的爱德华八世、彼时的威尔士亲王也追求过她家小姐。年轻的威尔士亲王是乔治五世的儿子，是英国王室立下的王储，那个时候，他还没有遇到令他心醉神迷乃至可以为其放弃王位的辛普森夫人——在巴黎，他就捧着鲜花在香奈儿的别墅外徘徊等待，像个小男孩一般期盼着与香奈儿共度一段下午茶时光。

曾经有记者问香奈儿，如何留住男人的心。香奈儿说："很简单，把对方当成小男孩就是了。"

是的,无论是未来的国王,还是昔日的大公,她都是这样去做的。在征服男人这方面,她一直有着自己的原则和手段,那就是要懂得适当的拒绝。

她说:"优雅就是懂得拒绝。"

而威斯敏斯特公爵,一个花心的猎艳者,在她面前也仿佛成了一名初坠情网的少年。当他得知威尔士亲王送给香奈儿一束鲜花后,他就立刻派私人飞机为香奈儿送去了他亲手采摘的雪花莲——花下藏着闪闪发光的珠宝。他也像一个现实中拥有魔毯的人,当他得知香奈儿身体不适时,伦敦最有名的专科医生就会拿着药箱抵达奥诺雷街——不过,每次那些医生都是徒劳而返,因为香奈儿会拒绝见他们。

尽管频繁被拒绝,但威斯敏斯特公爵的真诚与恒心,或者说财富与魅力还是打动了香奈儿。

1925年的夏天,随着威尔士亲王的退出,香奈儿的名字便开始频繁出现在伊顿庄园的访客记录上。

伊顿庄园位于苏格兰西北部的柴郡。在占地5万公顷的雷伊森林深处,这座典型的哥特式建筑美丽而恢宏,宛如国王的行宫。大自然美丽的山谷间,拉斯福德河静静流过,肥美的鲑鱼和鳟鱼正在湖泊里繁衍生息。1920年,威斯敏斯特公爵将这一切都变成了自己的私人财产。

即便是对奢华波澜不惊的香奈儿,也曾为伊顿庄园的富丽堂皇与奢靡排场所惊叹。她告诉朋友，那样的排场，超乎了所有平凡人的想象。很多年后，她还记得第一次来到伊顿庄园，看到十七辆劳斯莱斯并排停在车库里的情景，穿制服的仆人布满了庄园的每一个角落，其中包括九个高尔夫球场，以及无数的马厩……

如果说"飞云号"让香奈儿感受到了金钱的气息，那么伊顿庄园带给她的，就是漫长时间的痕迹。

维多利亚女王的孙女曾在日记里提及，她参加伊顿庄园晚宴后的感想，声称那里的美丽连皇宫都无法企及，那是几代人积累下来的财富和文化，是两者完美交融后产生的不可复制的作品。而其中最令人叹服的是那"登峰造极"的宴会背后，那耗费无数钱财和心力的背后，竟然看不出一点斧凿的痕迹，一切都是那么的自然和优雅。

就像威斯敏斯特公爵本身，他拥有取之不竭的财富，可以将财富当成空气一般的身外物——仅从这一点来看，他便获得了人们难以企及的高度。一件外套，他可以穿二十五年，却无法忍受没有熨烫过的鞋带。

在回忆中，香奈儿称威斯敏斯特公爵为"最后的国王"，说他是已逝文明的最后一件作品，古老而珍贵。

因为他不屑的事物正在占据潮流，他在意的东西正在慢慢消逝，他的生命却在不可避免地走向中年，随之是暮年，最后也将消失于这个世界……

但在那些琥珀色记忆的光斑中，香奈儿很轻易地就能辨识出威斯敏斯特公爵的位置和样子。而贵族之所以是贵族，就是因为他们一代又一代，都在制造时光深处的繁华和优雅，在为世人提供可以追忆的流金岁月。

香奈儿一直有销毁照片和信件的习惯，包括涂改年龄。有时候，她甚至会剪去合影中的某个人物，就好像把对方从自己的记忆中抹去一样。

不过，她却留下了许多与威斯敏斯特公爵的合影，有"飞云号"上的乘风破浪，有伊顿庄园的宁静时光，也有米米藏森林狩猎的美好回忆……翻阅那些照片，就好像倒置了时间的沙漏，那些被相机定格的瞬间，即便物是人非事事休，也都是爱的痕迹和证明。

在"飞云号"上，威斯敏斯特公爵教香奈儿如何掌舵。就像曾经学习骑马一样，她很快掌握了其中的要领。后来她告诉朋友，无论是骑马还是掌舵，都必须毫无畏惧，包括改写命运，从来都是勇敢者的游戏。

其中还有一张照片非常惹人注目。在伊顿庄园的某次宴会上，香奈儿穿着一套蓝色的丝质长裙，站在满堂宾客的中心，浅笑嫣然，俨然已是女主人的身份。

当时英国首相丘吉尔，还是英国的财政大臣，作为威斯敏斯特公爵的童年玩伴与毕生挚友，他是伊顿庄园的常客，也参与了许多次米米藏森林的野猪狩猎。

香奈儿收藏了几张与丘吉尔的合影，无论是在伊顿庄园，还是在米米藏，他们都是一对亲密的伙伴。

在一封家书中，丘吉尔告诉妻子克莱门汀，香奈儿已经取代了之前的公爵夫人，他很高兴看到本尼（威斯敏斯特公爵的昵称）与香奈儿棋逢对手："她（香奈儿）看起来非常亲切，却又是那么优秀和强大，她的能力，可以俘获一个男人，也可以管理一个帝国。"

在另一封信中，我们又可以看到香奈儿在恋爱的时候，工作也一点儿没有耽误："亲爱的，我很惊讶，可可的强势连本尼也不能抗衡。当然也不必惊讶，她是著名的可可·香奈儿。她白天在米米藏打猎，晚饭后就骑着摩托车去巴黎，三周之内，她要搞定两百名模特儿的服装……现在，她和维拉在一起，维拉是她的首席员工。不，就像是她的某个中尉。"

克莱门汀很快回信："我现在对那位可可·香奈儿非常感兴趣，我必须结识她，我想她一定是位时代天才。"

于是在1927年，香奈儿的伦敦分店开业之时，克莱门汀便成了"时代天才"的好朋友和忠实顾客。

当然，因为威斯敏斯特公爵背后的那张强大的关系网，香奈儿的顾客，不仅有来自伦敦的公爵夫人们——包括约克公爵夫人、后来的英国王后，就连纽约的女明星和贵族们，也被她"一网打尽"。

英国《时尚》杂志报道："香奈儿在戴维斯大街上的时装店简直客如泉涌，可是谁知道，里面有没有'慕名而来'的同行呢？毕竟大家都在竞相模仿，从镶嵌到剪裁，从面料到装饰……她真是太受欢迎了，就像潮流的风向标。"

是的，对于香奈儿来说，爱情的世界里，一直有着取之不竭的设计灵感。爱也是一扇门推开另一扇门，天地豁然贯通；是星火，足以点燃生命中各种各样的奇迹。

与威斯敏斯特公爵在一起数年，香奈儿又通过恋人的日常穿着，创造了一种新的服装风格——"香奈儿英伦风"，其影响一直延续至今。

在小加布里埃的记忆里，她的可可姑婆经常会在她面前提及威斯敏斯特公爵的着装风格，"昂贵而又简约的斜纹软呢及克什米尔开襟衫，时髦风雅的毛衣，条纹双色马甲，水手衫，镀金纽扣和贝雷帽……"

香奈儿告诉小加布里埃："奢华，是隐而不显。"

隐而不显的奢华，也一直是香奈儿的设计理念。

在这一段爱情中，她并没有被威斯敏斯特公爵的财富冲昏头脑，反而是对威斯敏斯特公爵骨子里的贵族基因着迷。那自然的、洒脱的、毫不做作的优雅，超然脱俗的特质，都曾让她耳目一新，受益匪浅。

因此，在设计服装时，香奈儿会经常叮嘱她的助手们，形式永远不必大于实质，永远不要做无用的纽扣。

实用和舒适，对于设计服装来说，是一种美，更是一种美德。

通过与威斯敏斯特公爵的交往，香奈儿也见识了什么叫真正的富有。她可以很负责地告诉她的模特，如果看到一个男人穿着新买的礼服来见你，那么他一定不是一个真正的有钱人。

因为真正的奢华，是不张扬，是不经意，是低调含蓄，是隐而不显，藏而不露。当任何一样东西需要用炫耀去实现它的价值，那么它就已经变得一文不值。

公爵夫人有很多，但可可·香奈儿只有一个

真正的自由，也不是用物质堆砌阶石，粉饰金身，故作姿态，而是用自己的价值和尊严"打遍天下"，赢得翅膀和王冠，让可可·香奈儿这个名字永远流传世间。

随着伦敦分店的开业，香奈儿留在英国的时间也越来越长。英、法两国的八卦报纸便开始纷纷猜测，时尚女王与英国首富之间的关系是不是已经尘埃落定，"可可·香奈儿会成为新的公爵夫人吗？"

还有记者拍到了威斯敏斯特公爵将小加布里埃抱在怀中的照片——香奈儿靠在公爵身边，笑靥如花，温情脉脉，两人的关系俨然已是牢不可破。

小加布里埃的父亲、香奈儿的外甥安德烈之前一直在英国求学和服役。1925年，二十一岁的安德烈认识了一个美丽的姑娘，他们一见钟情，迅速结婚，但不知为何，他们结婚的消息并未通知香奈儿。

小加布里埃后来告诉记者，香奈儿得知安德烈结婚后，只是佯装

生气。因为她有着常人难以企及的慷慨与豁达，很快香奈儿就送了一份美妙的新婚礼物给这位外甥，那就是位于比利牛斯山脉的科贝尔城堡。她还为外甥安排了工作，让他为自己管理工厂和百货公司。

不久后，为了表达对香奈儿的感激，安德烈给自己刚出生的女儿取名"加布里埃"——小加布里埃就是在科贝尔城堡出生的。

在小加布里埃的记忆里，她的可可姑婆有空就会坐着劳斯莱斯来看她。威斯敏斯特公爵水到渠成地做了小加布里埃的教父。小加布里埃一直认为威斯敏斯特公爵是一个和蔼可亲的人，尽管他的声音里还是会流露出一种国王般的威严。小时候，小加布里埃喜欢爬到教父的膝盖上听他讲发生在皇宫里的故事，当她用小手弄皱他的领带时，他也不会生气，只是抬抬眉毛，然后爽朗一笑。而她的可可姑婆，就像一位女王，永远从容不迫，言出必行，有着钢铁一般的意志和时间管理措施。当然，所有人也都对其言听计从。但小加布里埃很小就知道，自己是拥有特权的，只有她可以爬到可可姑婆的床上任意撒娇。

小加布里埃记得，有一次在可可姑婆的床上，她们一起做某个跟扑克牌有关的游戏，姑婆郑重地表示，小加布里埃如果输了，可可姑婆就可以亲吻一下她的小脸蛋；可可姑婆输了的话，就要赠送给对方一座城堡。结果便是，几轮游戏之后，小加布里埃在刚会记事的时候，就成了拥有城堡的小孩。

香奈儿还赠送过小加布里埃许多珠宝。那些珠宝大部分都来自威斯敏斯特公爵，其中就包括两枚非常贵重的胸针，一枚镶嵌黄水晶，另一枚镶嵌红宝石、钻石以及异形的珍珠，令小加布里埃印象尤为深刻。

香奈儿对珠宝的态度也深深影响了小加布里埃，她喜欢自己改造珠宝，将那些贵重的天然宝石和人工宝石别出心裁地搭配，从而产生惊艳全场的效果。香奈儿注重效果，而非珠宝本身的价值，她认为珠宝的克拉数不重要，营造的效果才重要，珠宝也不是让你看起来富有，而是让你看起来迷人。她希望女性以天真无邪的心去看待珠宝，就像坐在车内与路边的花树邂逅……

在一些报道中，更有记者写道，让香奈儿到伦敦开店，正是威斯敏斯特公爵想把香奈儿留在身边的手段之一。

多年后，香奈儿的女仆也证实了威斯敏斯特公爵对香奈儿的依恋。公爵多次央求维拉，让维拉想办法把香奈儿留在伦敦。他曾把香奈儿在巴黎的工人们都请到英国度假，只为换取与恋人朝夕相处的时光。他也不止一次委屈地抱怨，香奈儿爱工作甚于爱他，花在工作上的时间要比陪他的时间多得多……无论是在康朋街，还是在伦敦新店，经常都是香奈儿在楼上专心致志地工作，威斯敏斯特公爵在楼下神不守舍地等待。他不断徘徊的样子，被香奈儿形容为"一只焦躁不安的老虎"。

当然也有威斯敏斯特公爵的朋友说，他看到香奈儿与威斯敏斯特公爵在一起时，表现出了一种少女般的温顺与活泼。他们一起出门游玩，就像生活在童话故事里。他们之间的感情，早已超越了世俗的框架。

但实际上，童话故事多是虚构的，现实中的纯洁美好也不过是表象。晚年时，香奈儿回顾过往提及威斯敏斯特公爵，她似乎并未用任何一个苛刻的词语，不过说到与威斯敏斯特公爵共度的那些岁月，她笑起来，称其是一个冗长的梦境，说不上糟糕，却着实有些荒谬。

在那段醉生梦死又荒唐无稽的岁月里，她不可避免地站到了一大群富人的中间。她成了他们中的一员，被很多人仰慕。时间在一次又一次的盛大派对中流逝，在香槟和伏特加的香气中流逝，在狩猎的马蹄声和钓三文鱼的篝火中流逝。在暗地里，在表象中，她成了一群懒散人心目中的忠实伙伴，然而只要在外面游玩的时间过久，她就会产生深深的自责，责怪自己忽略了公司，荒废了事业。当真正静下来的时候，那种强烈的焦虑感和不安全感就会像潮水一般漫过她的头顶。

她告诉朋友："那样的生活过了几年之后，我就开始厌倦了……我清楚地知道，钓三文鱼不是我应该过的生活。与悲惨无关，那只是另一种贫穷。"

这不禁令人想起她的那句名言——"奢华的反面不是贫穷，而是庸俗。"

现在，她又洞悉了贫穷的本质，她深知很多人拥有财富，却不过是财富的寄生虫，没有了财富，他们将一无所有，一无是处。她厌倦了那种"懒散和财富带来的空虚和无聊"，她也非常富有，但她因为工作，从未因富有而感到过无聊。她不在意金钱，但她享受赚钱的乐趣，享受金钱带来的自由与独立。辉煌的事业带给她的安全感是无可比拟的，同时与其紧紧交织在一起的，还有自我价值感的一次次印证和升华。

然而比厌倦一种生活更让人厌倦的，是威斯敏斯特公爵无法停止猎艳的本性。

威斯敏斯特公爵爱香奈儿是真，喜欢猎艳也是真。与贵族的优雅一样，猎艳也是一种世袭的本能，是衣食住行一般的生存欲望。

一直以来，似乎整个社会都在鼓励男人猎艳。男人如果朝三暮四、对伴侣不忠就会被视为魅力无边，桃色新闻不过是风流韵事。但女人如果多几个男朋友，就会被人指责水性杨花，被钉在道德的耻辱柱上一遍一遍羞辱。

最终，还是香奈儿挥剑斩断了两人之间的情侣关系。

1929年夏，一封从威尼斯发来的电报抵达威斯敏斯特公爵的"卡蒂萨克号"，收信人是香奈儿和米希亚。

当时，塞特已另结新欢，米希亚成了郁郁寡欢的弃妇，正渴望用一次远洋航行来治愈心伤。这又不禁让人想起十年前卡柏去世，米希亚与塞特新婚燕尔时邀请香奈儿去威尼斯朝圣，试图将她从痛苦的深渊中拯救出来。现在，海风依旧，两位传奇女性之间的位置却已悄然变换，在米希亚的哭诉声中，香奈儿轻抚昔日密友的臂膀，告诉对方自己可以照顾她的余生。在圣奥诺雷街，香奈儿有足够的房间和金钱来收留落魄的艺术家，米希亚更是想住多久都无妨。

但多年后，翻开米希亚的回忆录，那个张开羽翼将她护在怀里，照顾她后半生的人，也曾在圣奥诺雷街的舞会上，在鱼子酱满溢的夜晚，在留声机的旋律倾泻一地的瞬间，举着酒杯向她倾吐过内心深处的隐讳，袒露从不轻易示人的脆弱："我其实也想像只小鸟一样，在某个肩膀上筑巢而居。"

香奈儿为何选择成为势不可当的狮子，而不是惹人怜爱的小鸟呢？

其实无须追问，米希亚的人生便是最好的镜子。

与其寻找，不如成为。

与其当别人小心呵护的公主，不如做自己至高无上的女王。

至于那封电报，内容则是——谢尔盖·迪亚吉列夫病危，弥留之际，想见两位女士最后一面。

威斯敏斯特公爵马上令人将"卡蒂萨克号"开往威尼斯，以助迪亚吉列夫达成心愿。

两天后的破晓时分，巴黎先锋艺术圈的领袖人物迪亚吉列夫因糖尿病并发症在威尼斯过世。

临终前，迪亚吉列夫以俄罗斯芭蕾舞团创始人的名义，以将死之人的真诚，郑重地感谢两位女士，感谢她们对舞团的一次次慷慨解囊。尤其是香奈儿，如果没有她，就没有《春之祭》再次面世的机会，她是一个为艺术做出过杰出贡献的人。

他还告诉两位女士："我将永远记住你们身着白衣的倩影，你们能来送我，我很感动。"

迪亚吉列夫过世后,他的恋人留下了他的两粒纽扣。那个曾经像流浪汉在街道寻找烟头一样寻找音乐天才的人,到底还是走了。香奈儿最后一次帮助了他,为他出资举行了体面的葬礼,雇了长长的一队贡多拉小船,从教堂沿着水路驶向圣米歇尔公墓。

很多年后,香奈儿还能清晰地想起,圣米歇尔公墓里的柏树郁郁葱葱探出白墙的样子。

但没有了迪亚吉列夫,他的芭蕾舞团今后会变成什么样子,就像一艘小船会在时代的风浪中漂向何方,谁也不知道。

只知道两位女士参加完葬礼,再回到船上时,情绪都很低落。

米希亚记得,她们在船头久久沉默,直至威斯敏斯特公爵的到来,才打破了沉寂。

当时,香奈儿就站在威斯敏斯特公爵身边,他们先是谈话,再是争吵——导火索是香奈儿发现了威斯敏斯特公爵不忠的痕迹,她认为这是对迪亚吉列夫的侮辱,也是对她尊严的践踏。最后,香奈儿扭过头去,点燃一支烟,亲手把对方送给她的一串价值连城的祖母绿项链扔进了大海。

就那样,在米希亚的惊呼声和威斯敏斯特公爵的错愕神情中,香奈儿把她与威斯敏斯特公爵的那段爱情亲手埋葬在了海洋深处。

一段关系的终结,与珠宝有关,也与珠宝无关。在一个又一个的节点上,珠宝见证了香奈儿最初的怦然心动和最后的心如铁石,也不断推动着她的命运。现在,与英国首富分道扬镳后,香奈儿的人生又将走向另一个阶段。

一段爱情的逝去，与男主人公的猎艳本性有关，也与猎艳无关。按照威斯敏斯特公爵的解释，他已年近半百，拥有无尽的财富和显赫的地位，便迫不及待地想要一个继承人，也只好瞒着香奈儿，在世界各地物色合适的情人。数年前，他儿子的意外去世，正是他上一段婚姻崩盘的原因。香奈儿依旧美丽，依旧风情万种，但年龄可以修改，可以忽略，却无法逆转她生理机能的下降和不能孕育生命的事实。

另外，还有一个重要的原因，那就是香奈儿并不想放弃自己的事业，只做一个传统的公爵夫人。

当威斯敏斯特公爵向她求婚，让她不再抛头露面地出去工作，表示可以照顾她一辈子的时候，她拒绝了。

她问威斯敏斯特公爵："为什么一定要结婚，一定要我放弃工作？我们两情相悦，人们都已默认。为什么一定要改变这样的关系，让我专属于你一个人？"

威斯敏斯特公爵显得有点无奈，他告诉香奈儿，自古以来，公爵夫人都是不需要工作，也不可以工作的。

香奈儿目光坚定："不，我爱我的工作。"

她是第一个对他说"不"的女人。

当她拒绝的时候，优雅便产生了。

那一刻，被拒绝的人，即便坐拥江山、富可敌国，他的优越感也失去了用武之地。

就像威斯敏斯特公爵无法理解香奈儿为何那么热爱工作,有记者写道:"香奈儿女士有4000个雇员,有赫赫声名,还有英格兰最富有的男人想娶她,她还想怎样?"

香奈儿笑而不语。

没有人比她更明白,威斯敏斯特公爵的求婚意味着什么。

暮年时,她告诉朋友,威斯敏斯特公爵的确想要娶她和照顾她,但她怎会不知道,那不过是把她买下,余生都服从和依附他一个人的另一种说法。

譬如他对她说:"把这些伦勃朗的画都带走吧。这些弗兰兹·哈尔斯的画送给您。我失去了您。我不会习惯没有您的生活。"

她高傲地回答:"我已经不爱您了,和一个不爱您的女人同床共枕,您真的会感到开心吗?"

他甚至在结婚前夕,带着准新娘去巴黎。看似是征求昔日伴侣的意见,实则是另一种方式的挽留:"如果您对她不满意,我就换一个公爵夫人。"

香奈儿自然明白对方的意思。她说:"公爵夫人可以有很多,但可可·香奈儿只有一个。"

这一句话,后来一直被媒体津津乐道,也被很多的女性视为精神良药和独立宣言。

不将就,不攀附,成为自己,应该是一句誓言,也是一种给自己的终生浪漫。

香奈儿终究是选择了事业。

当时，在她的心里，时装公司就是自己的亲生孩子。她宁愿嫁给工作，辛苦一生，也不愿活在公爵夫人的头衔里，依附着他人生活。

她选择了事业，便选择了成为可可·香奈儿。

她为什么热爱工作？

其实一直以来，香奈儿在这世界上真正热爱的东西就只有两样，一样是自由（理想中的自己），一样是工作（时装公司）。两者密不可分，对自由的追逐让她不断工作，不断工作让她获得金钱，获得独立，获得尊严，更可以获得自由。

爱情是锦上添花，是美丽的附属品，有爱情更好，没有，工作便是退路，也是归途。

而真正的自由，也不是用物质堆砌阶石、粉饰金身、故作姿态，而是用自己的价值和尊严"打天下"，赢得翅膀和王冠，让可可·香奈儿这个名字永远流传世间。

那段岁月里的激荡

"我讨厌那段岁月里的激荡。"香奈儿说,"保罗·艾里布,是我认识的男人里面最复杂的一个。"

与威斯敏斯特公爵分手后,香奈儿很快另结新欢,追求者是一位颇负盛名的漫画家,名叫保罗·艾里布。

当香奈儿与艾里布一起出现在蔚蓝海岸的拉保萨(La Pausa)别墅时,报社的记者早已闻风而动,纷纷猜测,这位男士是香奈儿小姐的新情人,还是她众多艺术家朋友中的一个?

报纸上有一篇文章还顺便探讨了一下爱情和友情的区别,并有意模糊两种情感的边界,结果令香奈儿嗤之以鼻:"爱情就是爱情,最微弱的喜欢也是爱情。爱情不会因为微小而变成友情,友情也不会因为伟大而成为爱情……"

这句话再一次验证了香奈儿的说法,她一生中情人无数,但真正爱过的人,却只有卡柏男孩和威斯敏斯特公爵。所以,每次与情人分手之后,她依然可以与他们保持朋友的关系,或许只是因为,她根本就没有爱过他们,双方在一起,不过是各取所需。有人爱她的地位,有人爱她的金钱,有人爱她的作品,有人爱她的美貌,而她要的,其实也仅仅是一种被爱的感觉。

香奈儿说:"我喜欢被爱的感觉。不被爱的女人是失败的,女人天生就该被爱。"

如此,艾里布的出现,便有了几分天时、地利、人和的味道。

那么香奈儿和艾里布是如何认识的?

一切还要从那份两百万美金的合约说起……

1930年的夏天,在法国南部的度假小城蒙特卡洛,也就是多年前香奈儿将落魄的德米特里从巴黎的寒冬中带出来一起携手同游的地方——曾经的悲情大公已经成了美国女继承人的丈夫,锦衣玉食,志得意满;香奈儿的财富和声望也即将步入巅峰,许多王公贵族都以穿上"香奈儿"品牌为荣。所谓一别两宽,求仁得仁,他们又可以坐在一起,享受与昔日密友闲聊的时光。

德米特里向香奈儿引见了当时有着"好莱坞沙皇"之称的导演塞缪尔·戈德温。戈德温对香奈儿仰慕已久,一直想找机会合作。1929年秋天来临前,所有的美国人还处在一个金钱过剩的时代幻境中,直到10月24日(后被称为美国历史上的"黑色星期四"),华尔街崩盘,5000多亿美元化为乌有,许许多多的人从纸醉金迷到一贫如洗,仅用了一个晚上的时间。经济下滑，票房遇冷，戈德温正在困境中寻求转机。当香奈儿出现时，他当即邀请对方为自己的新电影里的女主角设计服装，希望通过香奈儿才华的加持，让身处经济大萧条中的美国人可以积极走进电影院，去感受时尚与光影交织的魅力。

不过在香奈儿看来，一切人为的时尚，都是消极的时尚——戈德温想请她去加利福尼亚推动时尚发展，但时尚真的可以推动吗？她承认电影在时尚界引起的反应类似于原子弹爆炸，而实际上，她并不看好时尚在电影里产生的影响。或者也可以说，她并不看好那些好莱坞制片人和导演对时尚的鉴赏力。她认为用金钱和技术打造的时尚，是一种徒劳的时尚。

多年后，谈到好莱坞的审美时，香奈儿又告诉朋友："看看葛丽泰·嘉宝就知道了。这位银幕上最伟大的艺术家，却也是上流社会中最不懂着装的女人。"

尽管如此，1931年春天，香奈儿还是登上了开往美国的邮轮，并携米希亚同行。

香奈儿心知肚明，经济危机来袭，奢侈品生意已首当其冲。几个月以来，康朋街31号和各地分店的订单纷纷被取消，香奈儿总算尝到了店铺亏损的滋味。一时间，整个巴黎的精品店都在裁员。丽兹酒店那些为佳人买单的儒雅绅士也仿佛一夜间销声匿迹。香奈儿只能将店里的商品全部打折出售，以此维持公司运转。在面料的选择上，她也一再降低成本，甚至推出了棉布系列的晚装……戈德温开出的条件又实在太过诱人——每年一百万美金的薪酬，加上"全世界的银幕都将成为可可·香奈儿的广告牌",她心动了。

戈德温告诉香奈儿,她只需要每年去加利福尼亚工作两次,为他的女明星们设计好看的戏服就行。

除此之外,戈德温还向香奈儿保证,她在好莱坞一定会享受到女王般的待遇。戈德温没有食言——为了迎接"有史以来最伟大的天才时尚设计师",戈德温租下了皮埃尔酒店的总统套房来召开记者发布会。那一天,香奈儿谈论的所有关于时尚的话题,都被汹涌而至的记者们奉为圭臬,并登上《纽约时报》和《时代周刊》的头条。多年后,《纽约时报》的某位记者还记得香奈儿留着波波头的样子,举手投足间散发出迷人的领袖魅力,窗外就是纽约中央公园,他眼前的时尚女王仿佛真的可以睥睨众生……接着,戈德温又承包了一辆白色专列将香奈儿接到加利福尼亚,一下车就是盛大的欢迎派对,几乎所有的好莱坞名流都来为香奈儿接风洗尘,其中就包括葛丽泰·嘉宝和凯瑟琳·赫本。

戈德温专门成立了一个戏服部门供香奈儿差使。但香奈儿不可能时刻待在好莱坞工作。据电影《今夜不再来》的女主角格洛丽亚·斯旺森回忆,她的戏服就是香奈儿在康朋街设计的。在她的记忆里,香奈儿的脾气与才华已经达成了默契的正比。当时,斯旺森意外怀孕,已经穿不进原先设计的礼服,这让香奈儿非常生气。香奈儿厉声命令她赶紧减肥,犹如火山爆发。她承认那套礼服是一件伟大的艺术品,她简直想不顾一切地把自己塞进去。最后,香奈儿只能用医用绷带为她量身定制一件紧身衣,让她优雅地出现在了银幕上,结果是没有任何观众察觉到她身材的变化。

香奈儿一共为好莱坞设计了四部电影的戏服,《今夜不再来》正是最后一部。1932年,香奈儿终止了与好莱坞的合作。从报纸上的消息来看,好莱坞似乎对香奈儿的设计并不满意,认为香奈儿的设计实在不够性感,"好莱坞想要香奈儿把他们的演员变成尤物,而香奈儿却把演员们变成了淑女……"香奈儿则回击道:"不过是一群燕雀而已。"她又趁机表示,她承认电影中的时尚对这个世界有着巨大的冲击,但对于时尚来说,好莱坞不是造梦工厂,而是幻灭之城。因为真正的时尚,是伟大的时尚设计师从古典文明手中获取的特权。从此之后,她的设计标准和才华,绝不会向任何人妥协。

但实际上,香奈儿依然是收获满满。戈德温承诺的一百万美金已落袋为安,为她及时扭转了经营危机;因为好莱坞的造势,她跻身1931年的"名人堂",个人声誉再登巅峰;她和美国《时尚芭莎》的主编成了好朋友,暮年时东山再起,《时尚芭莎》功不可没。她也曾告诉小加布里埃,得益于长久以来广结社交名流的习惯,她没有在自己品牌的宣传上花费过一分钱;她把美国百货公司的自助式经营理念带到了康朋街;受好莱坞的明星效应影响,她前往伦敦,找威斯敏斯特公爵借了奥德利大街上的一处房产,将其开辟成化妆品事业的据点。在栀子花香水的新品发布会上,她是女王也是明星,是设计师也是代言人,她签名的新品千金难求;此外,她还遇到了一段爱情……

保罗·艾里布是一个皮肤黝黑的巴斯克人,幽默风趣,英俊潇洒，与香奈儿同龄。在巴黎艺术界，艾里布被誉为"高品位独裁者"，其天马行空的想象力和荒诞不经的艺术才华为他赢得了许多女性的青睐。

香奈儿从好莱坞归来后，曾有过两段婚史的艾里布以昔日的好莱坞导演、派拉蒙影业前艺术总监的身份向她表达了惺惺相惜之情——同样的才华横溢，同样的特立独行，同样因骄傲的个性与好莱坞解约。于是，他迅速成了香奈儿——法国时尚"独裁者"的知音，两个人的爱情便水到渠成。

1932年11月，一场名曰"钻石珠宝"的展览霸占了整个巴黎的报纸头条——展厅设在圣奥诺雷街的一幢私人豪宅内，展览时间为半个月，门票所得全部捐给慈善机构，展厅内所有的钻石都来自钻石公会，荷枪实弹的保镖全场高度戒备……有报纸甚至意味深长地登出了展览的门票，设计师一栏写着可可·香奈儿，策展人的名字是保罗·艾里布。此举无声胜有声，似乎所有看展的人都会自动将门票上并列的名字代入婚礼邀请函上的新娘和新郎，并猜测香奈儿与艾里布之间已经发展到了谈婚论嫁的阶段。

"这是香奈儿和艾里布的订婚仪式吗？"人们暧昧的猜测再一次传到了香奈儿的耳朵里。香奈儿不置可否，只是轻蔑地说："在这些人的眼里，或许女人只配谈情说爱。"

当然，如果香奈儿只会谈情说爱，那么钻石公会便不会放弃旺多姆广场那些功成名就的珠宝商，而是邀请香奈儿来为他们做推广了。

至于理由，公会其实与戈德温的想法如出一辙，"希望可可·香奈儿女士可以用她的才华让璀璨的钻石重新照亮这个苦难的时代……"

果然，当展览进行到第二天的时候，钻石公会中的巨头戴·比尔斯公司的股票就在伦敦证交所上涨了20个百分点。

摄影师罗伯特·布列松为那次展览留下了珍贵的影像，也证明了钻石公会的眼光——"香奈儿把那些钻石变成了举世罕见的珍品。"展览的设计主题为星空。香奈儿告诉记者，自己对星空有着特殊的情感，如果可以，她愿意倾倒巴黎的夜空，为女人们披上群星的光芒。世间最能诠释星光的物质，莫过于钻石。那些钻石饰品中，最引人注目的是一条彗星项链。数百颗钻石镶嵌于铂金中，由一颗大星延伸出六条光穗，像流苏又像羽毛般轻绕于模特的脖颈，简直巧夺天工。全部的作品设计好后，香奈儿让艾里布搬空了家具，只留下乌木漆面屏风、落地镜和水晶灯。水晶的光芒透过落地镜与钻石交相辉映，整个房间都星光熠熠，乌木漆面屏风的映衬又让她的作品越发迷人，呈现出摄人心魄的永恒之美，仿佛时间凝固、星空倒泻，令人不知今夕何夕。

"在这个时代，只有香奈儿女士的设计才华，可以为死气沉沉的珠宝界带来春天的气息。"在时尚界的眼中，那无疑是一次非常成功的展览，一共吸引了数千名名流来观看。但实际上，那也是香奈儿人生中唯一一次担任设计师的高级珠宝展。多年后，全球经济复苏，依然有媒体对那次的珠宝展念念不忘，遗憾它只是昙花一现。

而且，就在人们以为香奈儿会借着那次展览宣传天然珠宝的时候，她却剑走偏锋，开始推广人造珠宝。她从拜占庭艺术和美第奇珠宝中汲取灵感，再次带来人造珠宝的风尚。

1933年，在艾里布的陪伴下，香奈儿又将"纯真的白缎子时代"推向了巅峰。法国《时尚》杂志刊登了她那年设计的所有白色春装系列，并赞扬："康朋街的白色为巴黎注入了青春的活力，仿佛让人置身诺曼底花园，真切地体验到明媚的春光。"

"黑色席卷一切，包容万物，白色亦然。"如果说黑色是祭奠，那么白色就是抚慰，是对浪漫的致敬和建构。女人们开始穿着白色的晚礼服出入大大小小的派对。于是，来自康朋街的诺曼底春光便照耀了20世纪30年代每个阶层的节日盛典。

香奈儿就是白缎子时代的最佳代言人。有一张照片，她身穿一套白色的晚礼服，上面缀满了圆形的小光片，外面则是一层薄如蝉翼的白纱，看起来高贵又纯真。那些年，她所有出现在拉保萨别墅的照片也几乎都是白衣飘飘，裙裾飞扬，头饰簪戴着白色的山茶或康乃馨，眼波流转，脸上浮现出少女般的神采。

1934年9月，当香奈儿戴着艾里布送给她的红宝石项链出现在新品发布会上时，"香奈儿即将与艾里布举办婚礼"的流言便不胫而走。

香奈儿真的会嫁给艾里布吗？

香奈儿的女友、法国著名作家柯莱特可对艾里布没有什么好感。柯莱特被称为"文学界的香奈儿"，也是艾里布第一任妻子的闺密，声称比艾里布更了解艾里布。在米希亚的回忆录里，当她告诉柯莱特，香奈儿可能会嫁给艾里布时，柯莱特表示非常担心。在柯莱特眼中，香奈儿与艾里布有着云泥之别，香奈儿是雕琢天使的人，而艾里布就是一个魔鬼，虽然有趣又精力旺盛，但谁和他在一起，谁就会被他拉进地狱。

小加布里埃也从侧面证实了香奈儿的亲友们对艾里布的看法。当时她和父母住在巴黎西南部的热尔比耶，而柯莱特正是他们家房子的前主人。和柯莱特一样，安德烈对艾里布同样没有好印象，男性的直觉告诉他，艾里布不过是在觊觎香奈儿的名利。

但香奈儿似乎并不介意艾里布的真实意图，她只是享受被爱的感觉。或者也可以说，无论是在金钱上，还是在情感上，她都认为自己输得起。她也很清醒，卡柏之后，她与谁的感情，不是各取所需呢？

所以她愿意为艾里布花钱，譬如资助他办杂志，为他争取表现才华的机会，甚至让他插手自己的生意，并且还带着他去奥巴辛拜访修女嬷嬷以及看望自己最心爱的小加布里埃。

香奈儿的亲友们的担忧，终于在1935年戛然而止。一个风和日丽的夏日，艾里布在拉保萨别墅的网球场突发心脏病过世。香奈儿目睹了整个过程，随之被强烈的悲伤击中。

和从前一样，依然是工作拯救了她，让她重振精神，暂时忘却悲伤，积蓄能力，准备下一次与命运的交手。

晚年时，她告诉莫朗，她对艾里布怀有一种绵长的温柔。

但他们之间的关系，却不是潺潺的小溪，而是一条激荡的、隐秘的、泥沙俱下的河流。艾里布接近她，并非想获得名利，而是想获得尊严。

而艾里布获得尊严的方式，就是拥有或摧毁她。在艾里布眼里，她代表的正是他疯狂热爱又不能主宰的巴黎。艾里布之所以送给她红宝石项链定情，是为了让她从此可以"满足而平静"地爱他，一心一意地待在他的身边，也是因为在奥巴辛，艾里布在自己和香奈儿童年的对比中终于获得了心理上的优越。

"我讨厌那段岁月里的激荡。"香奈儿说，"保罗·艾里布是我认识的男人里面最复杂的一个。"

尽管如此，不可否认的是，与艾里布一起度过的岁月，香奈儿的确被某种力量唤醒了内心的纯真和对罗曼蒂克的遐想，并影响了她的作品风格。

至于香奈儿是不是真的想过要嫁给艾里布，只能说因为无常的命运，这个问题已经成了瓶子里的秘密，被永远地封印在时光之海里。

第六章

王者归来

"失败是可怕的,但依然可以绝地反击。没有人可以打败我,除了我自己。"

——可可·香奈儿

从出生寒微，寄人篱下，到坐拥一个时尚王国，成为欧洲最富有的女人，香奈儿一生都在为自由而战。而当她获得了独立与自由，拥有了财富与名望，才意识到，原来最大的对手是孤独与时间。

夜幕降临，对手出击

对于设计师来说，才华或许只是一道门槛。要真正夺得霸主之位，不仅需要才华、天赋、机遇，更需要智慧、意志、格局的加持。

"她们背弃了我。"暮年时，香奈儿幽居在瑞士的圣莫里茨，向好友莫朗提及那场罢工事件，疲倦的语气中依然透露着难以释怀的失望。

是的，很多年过去，时间滚滚向前，会稀释很多悲欢，却不能抚平生命中的一切。

回忆里的那根刺，她到底还是没有拔出来。

1936年6月初的巴黎虽已进入初夏，但清晨的空气里尚有丝丝凉意。6月6日那一天，香奈儿是被她的会计勒纳尔夫人唤醒的。

根据小加布里埃的回忆，艾里布过世后，香奈儿很快搬到了丽兹酒店就寝。从此，香奈儿都要依靠药物才能入眠。拉保萨别墅成了一片伤心地,香奈儿极少在那里过夜,那个网球场更是荒废至今。丽兹酒店则为香奈儿准备了最好的套房,同时为她开通了私人专用电梯,她可以由电梯直接进入康朋街31号,到办公室只需要3分钟。

那时,小加布里埃经常会去丽兹酒店看望她的可可姑婆。在小加布里埃的印象中,香奈儿每天起床后都要洗个澡,喷上"香奈儿5号"坐到镜子前梳妆打扮。然后,女佣会拿出放在软布上的首饰供她挑选佩戴,比如珍珠项链,宝石手镯,钻石耳环。接下来是挑选帽子,最后是身上的衣服……一切都要确定完美无缺才会出门。有时候,香奈儿还会抽一支烟,站在窗边俯瞰旺多姆广场,仿佛君临天下。

对于小加布里埃来说,丽兹酒店的套房是一个充满了童年欢乐的地方,她的照片一直被香奈儿挂在梳妆镜上方的墙壁上,那是香奈儿宠爱她的证明。她喜欢和香奈儿玩一个小游戏,就是两个人分别站在房间的两端,把一个香奈儿平时用来练习手指灵活度的小橡胶球扔来扔去。但令她奇怪的是,那个球从来没有砸坏过房间里的任何东西。童年时,她一度认为那是可可姑婆的魔法,就像在她的记忆里,她始终认为她的可可姑婆可以"永远无懈可击",无论发生什么事,可可姑婆都能轻松应对,不乱阵脚。

但是6月6日那天清晨,"小姐,小姐——"勒纳尔夫人惊慌失措地进入丽兹酒店,用颤抖的声音在房门外呼唤香奈儿,伴随着急促的门铃声,香奈儿从床上惊醒坐起,发现细细密密的汗珠打湿了身上的真丝睡衣。

勒纳尔夫人告诉香奈儿,整个巴黎都被罢工的工人们占领了,包括康朋街31号。她早上去上班，居然被自己的同事锁在门外。因为在那些工人的眼中，她追随香奈儿多年，属于香奈儿的得力干将，被她们归纳为管理人员。而且，就连香奈儿的员工通道也被贴上了大大的标语——"此处已被占领"。

其实早在一个月之前，巴黎的工人们就开始了罢工浪潮。有一组新闻数据显示，当时法国罢工人数达到了200万。那些工人或自发或有组织地聚集在一起，高唱着《国际歌》，拉着横幅，举着法国人道主义者的头像，潮水一般拥过城市的街道与广场，试图为整个工人阶级争取更多的权益。工人们还发明了一种新的罢工方式——占厂罢工，他们不工作，把老板锁在门外，然后在车间里聚餐和跳舞。彼时，香奈儿就站在丽兹酒店的窗边，看着罢工的人群拥向旺多姆广场，整个巴黎上空黑云压城，风雨欲来。

现在，香奈儿的员工也加入了罢工的队伍。一位新闻摄影师记录了当时康朋街31号罢工的情景，那些昔日只顾认真工作的女工都站到了门外，有些人向镜头举手表示抗议，有些人端着漂亮的小箱子请路人们捐款，还有镜头没有记录的，也是令勒纳尔夫人耿耿于怀，同时让香奈儿怒火中烧的是，很多女工居然坐在即将上市的服装上，抱胸等待着与她们的老板进行谈判。

"没有什么可以谈判的，我没有任何对不起她们的地方……她们竟然坐在我的衣服上罢工！"香奈儿大发雷霆。要知道，为了让那些衣服尽善尽美地展示出来，她可以趴在地上一遍一遍地为模特修改裙边。

香奈儿无法接受眼前发生的一幕，哪怕事实上，她的确被自己"当成女儿"的员工们亲手丢在了门外。

米希亚在回忆录里记下了香奈儿的愤怒、失望与悲伤。米希亚认为罢工事件让香奈儿元气大伤。勒纳尔夫人告诉米希亚，香奈儿时装公司的管理一直是行业中的佼佼者，香奈儿培养出了一支强劲的团队，以便自己有更多的精力进行时尚设计。多年以来，无论是在时尚界，还是在服装行业中，香奈儿对待员工都是极为慷慨的。比如，有些公司的管理者无法容忍员工的成长，但香奈儿永远不会那样做，香奈儿还在米米藏租了一处房产，每年都要花一大笔钱送员工过去度假……

但最后，香奈儿还是接受了谈判，做出了让步。同时，《马提尼翁协议》签署，法国的工人们都争取到了每周只工作四十个小时，享有每年两周的带薪假期、集体谈判和成立工会等权益。

从历史的角度来说，那场大罢工直接导致了法国工业的暂时停摆，而从香奈儿的立场来说，大罢工让她第一次感受到了什么叫腹背受敌，兵临城下。

香奈儿明白，自己正在经受一场严峻的考验。她花费半生的精力，放弃爱情与婚姻，一砖一瓦亲手构建的香奈儿王国，也正在遭受一场强烈的风暴。

但她没有遵守《马提尼翁协议》中"不得解雇罢工工人"的约定。她解雇了一小部分人，人们在背后将其称之为"香奈儿的报复"。大部分员工都留下了。香奈儿知道自己需要员工们，没有她们，她再厉害也是独木难支、孤掌难鸣。留下的员工也知道香奈儿已将旧账一笔勾销。从另一种角度来说，工作是香奈儿的铠甲，也是她的软肋，她已经别无选择。

"香奈儿在时尚界的地位一直是至高无上的，但不可否认的是，她也曾受到过对手的威胁。不是一个，而是一群人。"更何况公司之外，竞争对手如雨后春笋，那么多的人都对时尚霸主的位置虎视眈眈。后来，那群人中，一些人的名字消失在了历史的车轮下；有一些人的名字大放异彩，品牌延续至今；还有一些人，也就是香奈儿在事业中遭遇过的最强劲的对手，永远跟香奈儿的传奇人生捆绑在一起，情感脉络更是细密交织——当人们提及香奈儿的对手时，"那个意大利女人"，将永远占有一席之地。

香奈儿口中的"那个意大利女人"，即意大利设计师伊尔莎·斯奇培尔莉。

斯奇培尔莉的一生同样充满了传奇色彩，她出身罗马贵族，从少女时代开始就热爱自由与冒险，她才华横溢也飞扬不羁，与香奈儿可谓棋逢对手。

1935年，斯奇培尔莉在离康朋街31号几步之遥的旺多姆广场创建了时尚沙龙，其作品还登上了英国《时尚》杂志的圣诞刊封面。首战告捷，斯奇培尔莉在记者面前毫不掩饰地对香奈儿进行挑衅："香奈儿设计了海员式的毛衣和短裙，我拿过来更改一下线条，香奈儿就消失了。"

1936年，《时代》杂志又在两位设计师的"霸主之争"上浇了一瓢油，称斯奇培尔莉是超现实高档服装的决裁者，是"天才"的代名词，正在引领巴黎的潮流……

斯奇培尔莉再次告诉记者："香奈儿可以退休回家了。"

而且，就像当初香奈儿征战巴黎，被时尚界称为"天才设计师"一样，斯奇培尔莉气焰高涨，她的周围同样围绕着一大批的艺术家。

达利成了斯奇培尔莉的合作者。他们共同设计了一款短裙，上面有只硕大的龙虾。龙虾旁边还刺绣点缀了一些芹菜。当有人穿着那条龙虾短裙招摇过市时，几乎没有人可以忍住不去多看几眼。龙虾短裙一经上市就受到了很多人的追捧。而后来，达利又成了香奈儿的追求者。达利给香奈儿送过一幅画，画的是一束金色的麦穗，希望帮助香奈儿驱除孤独。香奈儿一直把那幅画挂在康朋街的寓所里，但从不承认与达利恋爱过。在一些曝光的信件中，达利称呼香奈儿为"最亲爱的小可可""我亲爱的小伯劳鸟"，一遍一遍地倾诉相思，以及表白炙热的爱意，"我把全部的爱都给你"。

斯奇培尔莉与科克托合作，用后者的画作设计刺绣图案。很快，科克托的三部舞台剧服装，都邀请香奈儿操刀。

1936年底，丘吉尔和他的儿子伦道夫来到巴黎，在丽兹酒店与香奈儿、科克托等朋友一起享用晚餐。科克托记得，丘吉尔那晚喝了很多的酒，还为几个月前成为英国国王的爱德华八世失声痛哭。新国王为了迎娶有过两次婚姻的辛普森夫人为王后，不惜放弃王位，对于整个英国王室和他的朋友们来说，都是一种难言的耻辱和悲痛。而香奈儿想起来，就在几个月前，声称是香奈儿忠实客户的辛普森夫人出现在记者的镜头中，身上穿着的，正是斯奇培尔莉设计的龙虾裙……

至于风格，斯奇培尔莉自然是与香奈儿反其道而行之。香奈儿的设计讲究舒适与实用，她认为时尚是艺术的提炼，是一种非精英主义的优雅，是自我认同，而不是为了表现。斯奇培尔莉则是"色不惊人死不休"，每一件作品都必须带给人强烈的视觉冲击，她认为："潮流就是让人震惊。"

或者也可以说，香奈儿对于时尚的态度是打破藩篱，让风格永存于世。

而斯奇培尔莉要的，就是勇立潮头，令时尚为我所用。

斯奇培尔莉处处锋芒毕露，强势出击，香奈儿似乎又在敛藏锋芒，以退为进，以守为攻。

两人之间的竞争仿佛是一场盛宴，你方唱罢我登场，一时锣鼓齐鸣；又仿佛是一场大战，没有硝烟，人们却能感受到每一场时装发布会，每一次的记者采访，都暗藏了无数的刀光剑影。

戴安娜·弗里兰是当时著名的时尚编辑，曾任纽约大都会博物馆服饰研究院顾问。作为20世纪30年代时尚的亲历者，弗里兰穿过斯奇培尔莉的服装，她一直记得斯奇培尔莉设计过一条紧身连衣裙，裙摆就像长长的鱼尾巴，她的朋友曾穿着她送的那条裙子，把世界博览会的舞台当成了个人秀场。同时，弗里兰也是香奈儿的支持者，她喜欢香奈儿设计的20世纪30年代的所有作品，轻快的吉卜赛裙、俊美的开襟短上衣、带着神秘气质的鳞片面纱……弗里兰看过斯奇培尔莉的时装展，认为那是绝对奢靡、震撼人心、璀璨夺目、刺激所有感官的奇妙潮流。她出席香奈儿的发布会，认为那是庄重的、恒久的一种香奈儿风格。康朋街31号旋转镜梯之下，诞生了可以战胜时间的优雅和品位。五十年后，弗里兰回忆起当年的巴黎，依然认为20世纪30年代的时尚有着18世纪的情调，也因为斯奇培尔莉与香奈儿的"霸主之争"而显得格外富有魅力与激情……

那么20世纪40年代呢？弗里兰不愿提及——那简直是人类历史上的惨痛记忆。

1939年的巴黎春季时装秀为法国20世纪30年代的时尚画上了句号。弗里兰记得，香奈儿在那个春天推出了红、白、蓝三色服装，一手爱国牌打得让斯奇培尔莉毫无还手之力。

9月1日，希特勒的军队进攻波兰，两天后，英、法两国对德宣战。

1940年2月，丹麦和挪威沦陷，法国北部开始遭遇空袭。无数巴黎的男性应征入伍，包括香奈儿公司的男性职员。香奈儿的外甥安德烈也去了北部前线，为家国的和平与尊严而战。整座城市都笼罩在战争的乌云下，浸泡在送别的泪水中。香奈儿也做了一个不得已的决定，她关闭了香奈儿时装公司，解雇了几乎所有员工，仅留下康朋街31号用来销售香水。

在纷飞的战火中，达利从阿卡雄的别墅寄来情书："如果可以在这里的桌子旁拉着你的手该是多么甜蜜啊……不管做什么，你都要小心。"

旧情人勒韦迪也写信对香奈儿关闭公司的决定表示支持："可可，在动荡中获得了平静，就获得了生活的真谛。"

但事实上，动荡的局势之下，没有几个人可以轻松获得平静。香奈儿需要增加安眠药的剂量才能获得短暂的睡眠，她的亲人生死未卜，她的事业一片迷茫，她的内心与每一个法国人一样充满了恐慌。

按照当时《时尚芭莎》的报道，巴黎的街道很快就空无一人，出租车消失了，所有的电话线都被砍断，小孩们被送往乡下，连宠物狗都不见踪迹，大团的黑烟让白天变成了夜晚，天堂变成了地狱，所有的法国人都在出逃……

后来，有人称香奈儿在这时关闭公司是为了报复那些罢工的女工。

香奈儿回击道："如果我的才华可以抵挡敌人的枪炮，我一定竭尽所能。但是，难道要我为敌军设计高端时装吗？"

斯奇培尔莉则去了美国，自此一蹶不振。

多年后，香奈儿重回巴黎，从众多年轻的设计师手中夺回女王的交椅，而斯奇培尔莉却宣告了破产。

对于设计师来说，才华或许只是一道门槛。而要真正夺得霸主之位，不仅需要才华、天赋、机遇，更需要智慧、意志、格局的加持。强大的内心，聪慧的灵魂，钢铁般的意志，海纳百川的胸怀，风雷手段，运筹帷幄的谋略，缺一不可。

时间不能抚平一切，却是最好的试金石。

"时尚易逝，风格永存。"

这句话，是香奈儿对斯奇培尔莉"潮流就是让人震惊"的反击，表明了她对记者口中"时尚霸主"之争的态度，也昭示着她的雄心壮志——她要的，不是击败对手，而是打败时间，成为永恒。

与"麻雀"有关的暗战

香奈儿的野心,远不止坐稳"时尚女王"的宝座那么简单。她想要的,还有——名垂青史。

麻雀——在自然界是一种极为普通且看似人畜无害的小鸟,雌雄同色,生命力强,性极活泼,胆大易近人,警惕性极高,素以机警著称。

在1940年左右,"麻雀"是某个高级特工的代号,他建构了一张足以覆盖法、德两国的连接网络,直接服务于希特勒的得力助手约瑟夫,他收集的某个情报,就有推动历史齿轮的可能。

在众多传记作者的笔下,"麻雀"也是举世闻名的可可·香奈儿的情人,曾落入香奈儿的情网之中,为香奈儿营救被关押的外甥安德烈·帕拉斯。

在诗人勒韦迪的心里,"麻雀"则是香奈儿的劫难,让香奈儿的人生被迫沾染抹不去的些许污点,甚至险些遭遇牢狱之灾,名誉扫地。

一直到去世前，勒韦迪都对香奈儿念念不忘，并在诗句中，为香奈儿那段不光彩的往事请求天主的宽恕。

而香奈儿与"麻雀"相恋多年，战争结束后，"麻雀"这个词却一度成了她的禁忌。她不愿意在任何人面前提及对方的名字。那一段守口如瓶的记忆，藏着她内心深处的隐痛与情愫，也成了世人想要拨开重重迷雾一探究竟的传闻与秘辛。

1940年6月，香奈儿带着为她工作多年的十几名核心员工一路向南，穿越德军的枪林弹雨，前往比利牛斯山下的科贝尔城堡避难。

科贝尔城堡是香奈儿送给安德烈的结婚礼物，是她生命中为数不多的可以享受到亲情的地方，也从侧面见证了香奈儿的几段情感轨迹。

六月的比利牛斯山依旧清幽美丽，没有枪炮的痕迹，一切看起来岁月静好。科贝尔城堡里储藏着丰富的食物，美味的葡萄酒，正好为远道而来的客人们接风洗尘。但实际上，城堡的主人正在前线与敌军作战，音信全无，生死未卜，即便身处世外桃源，在香奈儿眼里，也是山川、草木尽失颜色。

小加布里埃记得，当她和妈妈看到香奈儿到来时，都"高兴坏了，大大地松了一口气"。多年来，香奈儿不仅为安德烈一家带来了可观的经济收入，更是他们的精神支柱。在安德烈妻女的眼中，香奈儿一直都是富有、强大、无所不能的。但在6月22日，一个为法国历史烙上耻辱标签的日子，法国人民得知法国百分之六十的领土归德国管辖，南部百分之四十归"维希政府"。小加布里埃告诉记者，从记事开始，她还未见过可可姑婆脸上有过那般心碎欲裂的神情。她随即看到香奈儿把自己关在房间里，失声痛哭了好久，悲伤得无法自拔。香奈儿和许多的法国人一样，认为法国的投降，是一场政客对人民的背叛，所谓的"维希政府"，也不过是成王败寇。

在巴黎，希特勒留下了一张站在埃菲尔铁塔前的照片。拍摄者用了一个仰视的角度，把希特勒拍得与埃菲尔铁塔一样高大。帽檐遮住了他的眼睛，看不清他脸上有着什么样的神情。如果按照一位哥伦比亚记者的描述，当时德军的万字旗已经插在了巴黎圣母院上，希特勒以征服者的身份登上了夏绿蒂宫，脸上"带着轻蔑，带着愤怒，带着憎恶，又带着一雪前耻、大仇得报的快慰"……

国际红十字委员会带来了安德烈的消息。安德烈在马奇诺防线的一个哨所被俘，与数十万法国士兵一起被关进了战俘集中营，还染上了肺结核，也可能是集中营恶劣的环境引发了他们家族遗传的疾病，总之安德烈的身体非常虚弱。香奈儿深知肺结核的可怕，也一直把安德烈当成自己的亲生儿子看待，她告诉安德烈的妻女，她一定会竭尽全力把安德烈救出来，如果安德烈不能回来，她活着也就失去了意义。

于是，一段隐秘而跌宕的情事便由此开篇。

1940年7月，香奈儿匆匆离开科贝尔城堡，绕道维希返回巴黎。

一方面，是她的香水生意需要照料。据说在战争期间，曾有无数的士兵光顾康朋街31号,他们在店外自发排起长队,只为给远方的妻子或恋人带回一瓶令人魂牵梦萦的"香奈儿5号"。

另一方面,就是营救安德烈。在战俘资料中,安德烈的身份被登记为:"可可·香奈儿的外甥,威斯敏斯特公爵教女的父亲"。香奈儿猜到了那正是为何许多的战俘可以回到家中与亲人团聚,安德烈的名字却一直没有出现在释放名单上的原因。她决定不再待在科贝尔城堡坐以待毙,而是前往巴黎,动用昔日的关系网,主动出击。

昔日的丽兹酒店已成了德军高级军官的指定住所。香奈儿之前居住的套房也被占领了。在当时,平民们需要从垃圾堆里寻找食物充饥,丽兹酒店里却一派歌舞升平,房客们不仅可以享受法国最好的葡萄酒,还能品尝到厨师精心制作的美食。几天后,一份"允许在丽兹酒店居住的平民名单"上,227-228房间的客人就成了可可·香奈儿。

显然在当时的巴黎,香奈儿能享受到这样的特殊待遇,都离不开一位"特殊朋友"的关照。他就是"麻雀"——比香奈儿小十三岁,时年四十四岁的汉斯·京特·冯·丁克拉格男爵。

在小加布里埃的叙述中,丁克拉格与香奈儿相识于战争前的圣莫里茨,其身份只是一名德国驻巴黎大使馆的文化专员,"丁克拉格为人彬彬有礼,见多识广,虽然出生在德国,但他的母亲却是英国人,他的身上流淌着英国人的血液……"

按照香奈儿女仆的说法,丁克拉格经常会到康朋街去看香奈儿,但从不和香奈儿一起出入丽兹酒店,也从未在她们面前穿过德军的制服。大家都以为他只是一个普通的官员,一个恰巧有着一半德国血统的优雅的绅士。

香奈儿则说:"我想一个女人到了我这个年纪,还能好好恋爱一场,是不会想着去看对方的护照的。"

而在自己的护照上,五十七岁的香奈儿再次修改了年龄。尽管年龄的增长并未过多减损她的魅力,如科克托所说,只要你与香奈儿对视几秒钟,你就会心甘情愿成为她的"俘虏"。但香奈儿宁愿相信马尔克斯的话,"一个人不是因为衰老而失去爱情,而是因为失去爱情而变得衰老"。

如此说来,爱情的确是最好的驻颜术。

看起来,"麻雀"丁克拉格已经被香奈儿"俘获"了。

香奈儿与丁克拉格谈恋爱,不过是一个众所周知的秘密而已。他们之间,也远非普通恋人的关系。他们一起经历的事情,也远比一场地下恋情更为隐秘和机要。

小加布里埃告诉记者,丁克拉格不能直接释放安德烈,于是为香奈儿制订了一份营救计划。他先向香奈儿引荐了一名主管法国纺织业的德国官员,然后,让香奈儿以位于法国诺尔省马雷兹的香奈儿纺织厂需要安德烈管理为由,为其申请引渡。接着,香奈儿令人将纺织厂重新开工,营造出迫切需要安德烈主持大局的样子……

但实际上,这份营救计划并未产生作用。如果安德烈只是一名普通的法国士兵,或许根本不需要香奈儿处心积虑,甚至付出在生命中留下污点的代价。安德烈最终成了集中营最后一批释放的人。而且因为没有及时获得治疗，获释后的安德烈丧失了劳动能力，再也无法正常工作。他的后半生，都只能在疗养中度过。

而直到战争结束后，香奈儿才猛然发觉，自己已在不知不觉间落入了一张环环相扣的大网，或主动或被动地经历了不止一场或明或暗的战争。

是时候提及那场惊心动魄的香水之战了。

1924年，有着敏锐商业嗅觉的香奈儿看到了一个现象，那就是最畅销的香水，都是从商场的专柜里售出去的。对于"香奈儿5号"，她的目标可不仅仅是法国，她要的是全世界和永远。但即便恩尼斯·鲍的实验室每天二十四小时运转，也顶多满足全巴黎的供货需求。

就在这个时候，皮埃尔·韦特海默出现了。

韦特海默是老佛爷百货的股东，与弟弟保罗掌管着全法国最大的化妆品生产企业——妙巴黎。他向香奈儿出示了一份合约，表示自己可以出资为香奈儿成立香水公司，在不损害品质的前提下，进行大批量生产，并且保证香水会在欧洲和美洲的所有商店上架，公司还可以用香奈儿命名，在报纸上投放广告，只为成全香奈儿的梦想。条件便是，他和弟弟拥有香奈儿公司百分之七十的股权，而香奈儿只有百分之十。

香奈儿答应了。

但很快，她就醒悟了过来，意识到自己一时感性，竟签下一个"上当了"的不平等条约。因此，在"香奈儿5号"一度成为世界上最畅销的香水（2008年的数据是世界上每隔三十秒就会售出一瓶），为香奈儿香水公司带来源源不断财富的同时，也伴随着无休无止的官司和纠纷——香奈儿一直没有放弃过股权的争夺，"香奈儿5号"越是成功，越是畅销，她就越是后悔当初的轻率。

香奈儿请丁克拉格帮忙对付韦特海默兄弟。丁克拉格查到皮埃尔·韦特海默的儿子雅克正和法国士兵一起被关在集中营里。他打算用雅克来迫使皮埃尔·韦特海默答应香奈儿的条件。

1940年6月，韦特海默兄弟已经带领整个家族移民美国。身为被希特勒痛恨的犹太人，他们知道，如果不在巴黎沦陷之前逃走，那么等待他们的势必是一场灭顶之灾。

而让香奈儿震惊又愤怒的是，1941年，"香奈儿5号"居然被韦特海默兄弟在美国新泽西州的工厂大量生产，然后堂而皇之地销售，而且，品质还与在法国生产的一模一样。

当香奈儿辗转拿到美国版"香奈儿5号"时，她猜测自己的配方极有可能是被泄露了。但时至今日，配方是如何泄露出去的，韦特海默兄弟又是如何穿越大西洋，把格拉斯茉莉带进美国的工厂，以及神不知鬼不觉地把雅克从集中营中救走，依然是香奈儿的耻辱，也依然是一个奇迹。

直到1989年，香奈儿过世多年后，时任香奈儿公司总裁的乔治·托马斯在接受《福布斯》杂志采访时，才透露出一点蛛丝马迹。

1940年8月，托马斯接受皮埃尔的委派，伪装成巴西外交官，以掩盖自己高级特工的身份，去法国完成三个任务：一个是营救雅克；

另一个是盗取"香奈儿5号"的配方;还有一个是将格拉斯茉莉带回美国。

托马斯告诉杂志编辑,为了营救雅克,他当时可谓费尽周折,花重金买通了"法国的地下组织",才将化名的雅克塞进了横渡大西洋的货轮,让其去美国与父母团聚。

为了收购格拉斯茉莉,托马斯带着一箱子金条,从中立国葡萄牙乘坐火车来到为香奈儿提供原料的那片花田。他几乎买下了小镇所有的新鲜茉莉花,然后令当地的工人加班加点制作成茉莉花精华。如此,便可完好无损地保持格拉斯茉莉的不可替代性。几个月后,托马斯带着300公斤珍贵的茉莉花精华乘坐邮轮,毫无阻挡地穿越了大西洋,出现在了新泽西的香水工厂。

后来有记者去采访韦特海默兄弟的律师,律师说:"乔治·托马斯把那么多的茉莉花从法国格拉斯带到美国新泽西州,他非凡的能力和精彩的表现,完全可以媲美《007》电影中的男主角。"

至于如何潜入巴黎,从香奈儿的眼皮底下盗走了"香奈儿5号"的化学配方,这位现实版的"詹姆斯·邦德"则只字未提,至今还是未解之谜。

遗憾的是,香奈儿身边并没有像托马斯那样优秀又忠诚的左膀右臂。为了营救安德烈,她甚至不惜与德国军情局合作,以丘吉尔故交和威斯敏斯特公爵旧情人的身份,去找同盟国的核心领导人物丘吉尔议和。

如果说香奈儿当初答应皮埃尔·韦特海默的合作条件是一时感性，那么现在，她试图以一己之力促成两个国家之间的休战协议，就显得有些荒唐无稽了。

法国沦陷后，戴高乐将军曾通过英国广播电台向全世界发表慷慨激昂的《告法国人民书》："……无论发生任何事，法兰西抵抗的火焰不能熄灭，也决不会熄灭！"凯旋门下，法国人民高喊着戴高乐将军的名字，重新挺起胸膛，对德军展开抗争，"自由法国"政权诞生，戴高乐将军由此成为法兰西人民心中的英雄。而在英国，新上任的首相丘吉尔也发表了著名的讲话："我没有别的，只有热血、辛劳、眼泪和汗水献给大家。你们问，我们的目的是什么？我可以用一个词来答复——'胜利'。不惜一切代价去争取胜利，无论多么恐怖也要争取胜利，无论道路多么遥远艰难，也要争取胜利。因为没有胜利就无法生存。"为了生存和尊严，为了胜利与和平，同盟国奋起抵抗。1942年7月，纳粹军队集中火力攻击苏联，斯大林格勒保卫战打响。半年后，纳粹军队溃败，战局扭转，希特勒大势去矣。

于是，在这样的情况下，香奈儿与丁克拉格一同前往马德里——按照情报，他们抵达的时候，丘吉尔的会议还没有结束。为了多一分胜算，香奈儿还向德国军情局要了一个帮手，那就是丘吉尔的儿时玩伴、香奈儿和威斯敏斯特公爵的媒人、当时正被关押在罗马监狱的维拉。1929年，维拉从香奈儿公司辞职，随后与一名意大利军官结婚并定居罗马。多年来，维拉因为自己的特殊出身以及频繁与丘吉尔通信而被德国军情局密切监视，战争爆发后，便很快被捕。

不过，当香奈儿到达马德里时，丘吉尔却因临时生病提前退出会议，已悄然回到了英国。而继续留在马德里的维拉，不仅没有帮助香奈儿，还反戈相向，向英国大使检举香奈儿是"德国间谍"，换取了自由的机会，却差点让香奈儿丢掉性命。

香奈儿铩羽而归。所谓的"和谈"之计，自然不了了之。回到巴黎后，出师未捷又遭遇背弃的香奈儿终于清醒，意识到自己参与了一场多么危险、多么荒诞的儿戏。丘吉尔的确对她怀有某种温柔的感情，可以在她的怀抱里哭泣，向她倾诉不为人知的心事……但丘吉尔毕竟不是爱美人不爱江山的爱德华八世，要知道在法国投降后，因为担心昔日盟军的海军舰队落入希特勒手中，丘吉尔可以下令将所有的法国战舰击沉，让一千多名法国海军葬身海港……

或许，马德里之行带给香奈儿最大的安慰就是，德国军情局践行了之前对她的承诺，让安德烈恢复了自由身。

小加布里埃曾说，是她的可可姑婆给了她父亲第二次生命。如果小加布里埃没有对记者隐瞒的话，那么香奈儿从未跟安德烈一家说起过，为了营救安德烈，她曾付出过怎样的代价。

1944年6月6日，同盟军登陆诺曼底，战争已近尾声，戴高乐将军趁机宣称新政府建立。

8月，德军投降，开始撤出巴黎。"麻雀"早已飞走了。站在丽兹酒店的窗口，香奈儿看到战争后的第一面法国国旗在康朋街对面的歌剧院上空缓缓升起，法、美联合军队的车辆穿过凯旋门，受到了全巴黎人民的欢迎。

香奈儿告诉康朋街31号的店长："美国士兵可以免费领取一支'香奈儿5号'。"

她在用这样的方式为自己争取时间。她知道自由法国临时建立的法庭正在秋后算账，很多女性只是与德军接触过就被扣上了通敌的帽子，轻则裸体游行，重则入狱处死。当然，在康朋街，没有人可以越过领取香水的美国士兵的长队，轻易带走发放"香奈儿5号"的人。

一直到9月的一个清晨，两名自由法国的内务部人员才找到丽兹酒店，试图带走香奈儿。

但实际上，香奈儿只在审讯室待了一个小时就被释放了。保释她的人，正是丘吉尔。

丘吉尔还在电报里告诉她——迅速离开巴黎。

据香奈儿的女仆回忆，战争期间，香奈儿每天都很关心国际局势，甚至情不自禁地把自己代入到各国元首的位置上，为当时的局势做决定。她把自己当成圣女贞德，并声称自己天生就有一颗指挥者的灵魂。

如此，香奈儿答应德国军情局，去找丘吉尔议和的决定便有了合理的答案。她救安德烈心切是真，想要借机表现自己的政治才能，早日结束战争也是真。

或者也可以说，香奈儿的野心，远不止坐稳"时尚女王"的宝座那么简单。

她想要的，还有名垂青史。

而事实上，与此次战争有关的岁月，后来竟成了香奈儿人生中最不愿提及的历史。童年的经历尚可虚构，战火之下，每一段记忆都是千疮百孔。

但她也的确成了传奇。

多年后，名垂青史的戴高乐将军任命作家安德烈·马尔罗为法国文化部部长，马尔罗则在一次访谈中告诉记者，这个世纪的法兰西，将有三个人的名字成为传奇，永垂不朽，一个是戴高乐，另一个是毕加索，还有一个就是可可·香奈儿。

奥弗涅唯一未灭的活火山

那条裙子点燃了香奈儿心中的怒火,点燃了她对工作的渴望,也点燃了她从未熄灭的斗志。与其等待时机,不如创造时机。

奥弗涅,三十八万年前形成的火山之城,如今的法国著名风景区。说起奥弗涅,人们会想起那里浪漫的红月亮,纯净透明的湖泊,翠绿的群山,原始的峡谷,有火山熔岩建成的大教堂,罗马时代建成的温泉……旅馆里饮不尽的波尔多葡萄酒,街道上的每一块石板都见证过历史,空气里隐隐约约散发着火山岩浆的特殊香气——人们把那香气称之为"现实的法国香味"。

但在上个世纪,在香奈儿的童年时代,法国人提及奥弗涅,或许只会想到一片落后、贫穷的山区。那个时候的香奈儿,曾望着群山之巅的红色月亮,在心底暗暗埋下誓言的种子:"金钱或许不是万能的,但金钱一定可以成为万能的钥匙。而自由,无论要付出怎样的代价,我都要买下它。"

1945年，为了躲避自由法国政权的战后清算，香奈儿流亡到瑞士居住。那段岁月里，她时常想起奥弗涅的童年，想起那温柔的红色月光。

初到巴黎时，她被人们鄙夷地称为"奥弗涅牧羊女的后代"，半个世纪过去，红月依旧高悬于奥弗涅的夜空，那个当年寄人篱下、饱受流离之苦的女孩，已经成了名满天下的时尚女王，她所拥有的财富，可供她在许多个城市购置房产——风靡全球的"香奈儿5号"是她的财富之源，而那个源头，将永不干涸。

在瑞士，香奈儿又坠入了童年记忆的幽深枯井之中，孤独如暗影没过头顶，"在今日的瑞士和昔日的奥弗涅，我所能感受到的，唯有孤独。六岁时，我便孤身一人……半个世纪过去，在一个悲惨世界最后的幸福、奢华与欢乐之中，我很孤独，依然孤独着。比任何时候都孤独"。

回首大半生，自由是昂贵的，但她早就买下了自由。

她找到了打开金钱大门的钥匙，却也为此付出了一生与孤独为伍的代价。

小加布里埃长大了。自战争结束后，她就一直陪伴在香奈儿的身边，是香奈儿晚年生活的亲密见证者。她的回忆，也为我们提供了一份香奈儿人生中鲜为人知的情感标本。

当时，在香奈儿的安排下，安德烈顺利住进了瑞士的一家疗养院。之后，香奈儿又给安德烈在瑞士购置了一处房产。小加布里埃很喜欢那座带有童话色彩的牧人小屋,香奈儿为其取名"和谐"。有一张照片记录下了小加布里埃在"和谐"门外的倩影,被皑皑白雪覆盖的院子里,她身穿黑色毛衣,左手夹着一支烟,留着和香奈儿一样的短发,站在一棵大松树下,挽着父亲的胳膊,大方地向镜头展示甜美的笑容。从照片上可以看到,小加布里埃长着一张与香奈儿极为相似的巴掌小脸,连同着装风格,都仿佛是香奈儿年轻时代的翻版。

在小加布里埃心里,她的可可姑婆是世界上对她父亲最好的人。父女俩经常去看望香奈儿。香奈儿在瑞士的达沃斯和圣莫里茨都拥有房产,洛桑的美岸皇宫大酒店和皇宫温泉酒店也是她的常驻之地。她有时候会和朋友一起到洛桑打桥牌,有时候独自一人看书、弹钢琴、听音乐。安德烈曾送给香奈儿一枚用非洲硬币打磨成的戒指,小加布里埃则为香奈儿亲手织了一件长袖的黄色毛衣。但小加布里埃知道,她和父亲陪在可可姑婆身边的时候,其乐融融只是表象。亲情和友情的陪伴不过是片刻的慰藉,并不能真正地为远离工作的香奈儿带来快乐,就像她不停地踏上旅程,但沿途的美景和异域的新奇依然没法让她提起对生活的兴致;就像她不停地购置房产,不断更换高档酒店居住,却依然被童年的梦魇缠绕,灵魂找不到"家",肉身置身于孤独的暗房。

1946年的冬天,香奈儿与好友莫朗在瑞士重逢。战争后,曾为维希政府工作过的莫朗也成了流亡者,避居于圣莫里茨。在圣莫里茨金碧辉煌的巴德鲁特宫酒店的对面就是美丽的贝尔尼纳山脉,香槟气泡一般的空气悬浮在窗外,莫朗开始为香奈儿撰写传记,他希望把香奈儿的内心世界用文字的方式永远保存于世间。

在书稿中,时间的沙漏翻转,莫朗眼前仿佛又浮现出了二十五年前第一次见到香奈儿的情景。那个时候,香奈儿刚刚失去了卡柏男孩,还没有征服巴黎,神情中带着忧伤、羞怯和警觉。

但现在,坐在他面前的,是一颗暴躁、冷酷、伟大又骄傲的灵魂,一个六十三岁的来自奥弗涅山区的"火山女王""复仇女神",声音如火山熔岩一般滚滚而来,语气像干枯的藤蔓一样不断爆裂,字句像长喙一样敏捷而尖锐,苦涩的忧郁不断从她炯炯有神的双眼中流出……

香奈儿跟莫朗说起自己的童年。在很多真假难辨的细节中,她一遍遍地重复着孤独对自己的塑造与毁灭,她因孤独而不幸,却也因孤独而成功:"我的一生是无限延伸的童年。我想没有谁的童年比我的童年更残酷。很小的时候,我便知道,生活是一件沉重的事情……"

接着,是她幽闭的青春。关于从贡比涅到波城的经历,如何遇到卡柏男孩,从而抵达巴黎,在康朋街安顿下来,在时尚界抓住第一次机会:"我对自己的新职业有多少了解?一无所知。我不知道存在裁缝这一说。我是否已经注意到自己在服装业掀起了一场革命?完全没有。一个世界正日暮西山,而另一个世界如旭日东升。我处在这个变化的时代中,机会向我招手,我就抓住了它。"

她还说起意大利之旅、圣奥诺雷街,说起米希亚、迪亚吉列夫、毕加索,说起关于时装的诗意、关于财富和时尚的见解:"不应该为赚钱而兴奋，应该为花钱而兴奋。财富并不是积蓄，恰恰相反，财富可以用来解放我们，财富是明智的君主所谓的'我们拥有一切但是这一切毫无价值'。同样，真正的文化也在于舍弃某些事物。在时装界也是如此，我们通常从某些很美的事物开始，而后达到简约。"

最后，她告诉莫朗："总之，在我有生之年，我不会休息。没有任何事情能比休息更让我觉得劳累和不快。我涉足时装业，只是出于偶然。我制造香水同样出于偶然。我现在要开始着手其他的事情。什么事？我不知道。此时偶然仍然是主宰。但是我已经一切就绪。我很长时间内都不会对您说永别。"

不过，在香奈儿的有生之年，由莫朗撰写的这本传记一直没有出版。据小加布里埃透露，当时香奈儿对莫朗整理的文字并不满意，认为莫朗在一定程度上美化和修饰了她的故事，让书稿里的那些情节与思想都变得美好、辽远和崇高起来。

那么香奈儿想要的是什么呢，或许就是原汁原味地保留她叙述的记忆，一如她的人生态度："我从来就不是一个女英雄，但我选择了我想成为的样子，而我现在正如自己所愿。即使我不被爱、不讨人喜欢又怎样？"

直到三十年后，香奈儿过世多年，莫朗才重新整理书稿，将香奈儿在瑞士的回忆录出版，名为《香奈儿的态度》。

在前言中，莫朗提及这本书诞生的因缘："彼时她第一次失业，无所事事，自然难以自抑。她自我放逐到了瑞士的恩加丁，犹豫着是否重返康朋街，等待转运的时机。"

和小加布里埃一样，莫朗也看出了香奈儿已经意识到战时关闭时装公司是一个错误的决定。对于香奈儿来说，她显然比她的工人们更需要工作。

莫朗在书中写道："香奈儿依然是奥弗涅的一座火山，而整个巴黎却错以为她已经熄灭。"

在巴黎的康朋街，香奈儿的房产有23号、25号、27号、29号和31号，但在超过十年的时间里，都只有31号在营业。

康朋街31号的一楼是精品店，仅出售香水，三楼是寓所，是香奈儿内心认可的"家"。她一生中购置的房产那么多，但其实没有几个地方能让她找到家的安全感和归属感。但她的亲友们都知道，每当她说"我家"的时候，指的一定是康朋街31号。她有一张罗马天主教的会员证，上面的家庭住址一栏写的便是"加布里埃·香奈儿，康朋街31号，巴黎"。所以在香奈儿去世后，小加布里埃将康朋街31号的寓所原封不动地保留了下来，随时欢迎香奈儿的灵魂回家。

当然，在瑞士的时候，香奈儿也不是真的"无所事事"。

有时候，香奈儿会带着小加布里埃回康朋街，去看看闲置多年的工作坊。小加布里埃记得，当时在一间工作坊，缝纫机边穿梭的老鼠把她吓了一大跳。有一次，香奈儿让小加布里埃选一个房间，把那些陈年积灰都打扫干净，然后告诉她："这里是你的了，我的小不点儿。"就这样，小加布里埃在康朋街拥有了自己的工作室，开始设计围巾，踏足时尚界。

有时候，香奈儿会专程去格拉斯设计香水。在瑞士的十多年来，康朋街31号一共有三款新的香水面世。其中有一款香水的名字就叫"香奈儿女士31号"，香气如圣莫里茨的雪域阳光，清冽又温情，如31号寓所里水晶灯下的时间，永恒而优雅。

这不禁让人猜测，香奈儿是不是借用这支香水释放自己即将回归的信号？

在亲友们看来，香奈儿似乎在等待一个时机。

小加布里埃有段时间经常看到她的可可姑婆用塔罗牌占卜运势。但香奈儿告诉小加布里埃，她只接受自己愿意接受的结果。

譬如，用工作来驱逐孤独。

譬如："我从未经历过失败。我所做的一切都是从头至尾的成功。"

终于有一天，香奈儿的朋友玛吉·范·启伦男爵夫人的一套晚礼服，让香奈儿震惊无比、忍无可忍，从而决定重返巴黎。

那是一场非常隆重也非常奢侈的交际晚宴，据说每平方米舞场的花费高达数百万美元。当玛吉穿着她的新裙子出现在香奈儿面前时，香奈儿直言不讳地说："这条裙子实在太难看了！"

"我曾为整个世界设计服装，而现在它却仿佛赤身裸体。"香奈儿说。

想到自己的整个设计生涯都在与紧身衣作斗争，三十年前，她好不容易用泽西面料解放了女人的身体，而那一件绿色的丝缎晚宴裙，却让她仿佛又看到了三十年前那些站在赛马场旁边的女人被繁复的装饰包裹，就像热带雨林中的树木被寄生的植物包裹得几近窒息——玛吉的身体被塞在裙子里，几乎不能呼吸和动弹。

裙子来自克里斯汀·迪奥——巴黎时尚界的后起之秀。

当然，只提出问题不提供解决办法，可不是香奈儿的一贯风格。她当即动手为玛吉制作了一条红色的塔夫绸礼服。

"去吧！"香奈儿看着自己的作品，满意地对玛吉说，语气就像多年前她对自己的模特儿说的那样。

玛吉穿着新裙子去赴宴了。

香奈儿知道，某种感觉又回来了，看着玛吉的背影，她似乎即将召开一场隐秘的一个人的香奈儿新品发布会。

她的试验成功了。

第二天清晨，玛吉就兴奋地告诉香奈儿："亲爱的可可，昨晚所有人都问我这裙子是谁给我做的！"

不知道玛吉有没有告诉所有人，为她制作裙子的人就是大名鼎鼎的可可·香奈儿，那条裙子诞生之前，不过是她家里的一扇窗帘。

而那条裙子，点燃了香奈儿心中的怒火，点燃了她对工作的渴望，也点燃了她从未熄灭的斗志。

与其等待时机，不如创造时机。

于是，香奈儿决定重返巴黎，正式复出。

彼时，已是1953年的秋天，"奥弗涅唯一未灭的活火山"刚过完她的七十岁生日。

东山再起：我没有时间讨厌你

很多人渴望看到我的失败，抱歉让他们失望了。当然失败是可怕的，但依然可以绝地反击。没有人可以打败我，除了我自己。

　　香奈儿把正式宣布回归的新品发布会定在1954年2月5日。

　　离上一场时装发布会已经过去了十五年。

　　十五年，可以让一个呱呱坠地的婴儿成长为健壮的少年，可以让一个中年人悄然走向迟暮，也可以让一个人积蓄能量，从深渊里爬起来，再度登上人生巅峰，走向永恒。

　　于是便有媒体猜测，精明的香奈儿小姐是在"借势"。

　　众所周知，新年后"香奈儿5号"销量暴增，正以美国为中心向全球辐射，原因或许就是玛丽莲·梦露的一句话。

　　梦露，好莱坞的当红女星，全世界男士的梦中情人，念一句就动人心旌的名字。她曾慷慨地用一个唇印让一家濒临破产的工厂起死回生——那家工厂把她的唇印印在生产面料上从而大卖。那么她的一句话,也足以让"香奈儿5号"登上全球香水销售冠军的宝座。

其实梦露与"香奈儿5号"的渊源颇深。

早在1952年,二十六岁的梦露第一次登上《生活》杂志的封面,在访谈的文章中,关于她对"香奈儿5号"的情愫就已经被大众敏锐地捕捉到。

1953年10月,在比佛利山的别墅里,梦露为《现代电影》杂志拍摄写真,雪白的床单与被子中间,肌肤胜雪、艳若桃李的美人带给人无尽的遐思,而每一张照片的床头柜上,都出现了一瓶简洁的、黄金分割式的、没有任何赘饰的"香奈儿5号"。

1954年1月,梦露在旧金山度蜜月,一场记者发布会上,有人问她:"早上您穿什么衣服?"

"我穿裙子,还有套头衫。"

"下午呢?"

"换一条裙子,换一件套头衫。"

"那晚上呢?"

"再换一条裙子,丝绸裙子。"

"那睡觉的时候呢?"

"我穿……几滴'香奈儿5号'。"

后来,梦露接受《嘉人》杂志的采访,谈及"只穿几滴'香奈儿5号'",她再次笑着承认:"穿几滴'香奈儿5号'入眠,这是事实。因为我不想说,我不着一缕。但这的确是事实。"

当"香奈儿5号"从梦露的烈焰红唇中带着三分羞涩、七分妩媚轻轻吐出,似乎瞬间就具备了某种蛊惑人心的力量,就像是神话里远航的水手听到塞壬的歌声,美国的男士们被迷得七荤八素。要知道,玛丽莲·梦露是男士们的入梦之人,"香奈儿5号"是梦露的入梦之香,而女士们也将由此产生美妙的幻想,要成为梦露,中间隔着的不过是一条丝绸裙子、一件套头衫以及几滴"香奈儿5号"。

是不是借势已经不重要了。在后来的新闻发布会上,香奈儿不仅投桃报李地肯定了玛丽莲·梦露的品位,还顺水推舟地邀请对方为"香奈儿5号"拍摄广告,同时为"香奈儿5号"的知名度和销售量再添了一把柴。

她告诉记者:"擦错香水的女人没有未来。"

而在摄影师艾德·范葛许的镜头下,梦露身穿吊带礼服,肩带微垂,一手拿着打开瓶盖的"香奈儿5号",一手将香水涂抹在胸前,双目微闭,红唇含笑,沉醉在梦一样的香氛里,房间里背景朦胧,暧昧而魅惑,整个画面都令人心醉神迷,也让"香奈儿5号"拥有了永恒的魅力。

那个时候,人们将看到,"香奈儿5号"对于女性的意义早已超越了香水和商品的范畴,已经成为提升个人品位和表达自我的载体,是一种艺术,一段传奇,一份极致的女性气质。

不过在复出之前,香奈儿却说,自己并没有未卜先知的能力,与很多年前一样,她选择5号,只是因为相信数字5会给她带来好运。

那么这一次，好运真的会如期降临吗？

事实上，对于香奈儿的回归，法国媒体一直保持着观望的态度，支持者寥寥——有可能，是因为香奈儿身上背负着战争时期的政治污点。

美国媒体似有先见之明，也对香奈儿满怀信心，《纽约先驱论坛报》的记者写道："尽管高级时装界的竞争已趋于白热化，但香奈儿小姐一定会东山再起。"

高级时装界的竞争的确激烈。

克里斯汀·迪奥，大器晚成的时尚巨匠。战争结束后，已届不惑的克里斯汀在巴黎开设第一家门店，随后推出"新风貌（New Look）"系列女装，以藤蔓般的纤腰、花冠般的裙摆，让女性从战争中的制服统治中走出来，变成花朵一样的优雅美人。

伊夫·圣罗兰，1936年出生的狮子座男爵后裔，从小在各种家庭晚宴中长大，九岁时许下生日愿望，希望自己的名字点亮香榭大道的霓虹灯，二十一岁即成为迪奥首席设计师。后创立圣·罗兰品牌，屹立至今，名字已点亮全世界的霓虹。

皮尔·卡丹，曾在斯奇培尔莉的公司任职，为科克托的先锋影片《美女与野兽》设计服装，也曾入职迪奥公司担任设计师。后自立门户，主攻男性高级时装，主张成衣大众化，立志让温莎公爵夫人和夫人的门房都穿上自己的作品，终达成所愿，举世闻名。

休伯特·德·纪梵希，1952年在巴黎举办作品首秀，一炮而红，开始为好莱坞电影明星设计服装，从而遇到一生的灵感缪斯——派拉蒙影业最当红的影星奥黛丽·赫本。

…………

其中,迪奥正是香奈儿的头号对手。

香奈儿和迪奥的设计看似殊途同归,都是抵达优雅,但本质上他们其实是两种截然不同的设计理念。迪奥在图纸上设计服装,脑袋里装着一个理想主义的美人,不断推陈出新,像花一样绽放,其核心是悦他;香奈儿是在模特身上设计服装,她自己就是一种理想,所有的设计前提也都是从自我出发,在潮流中坚守删繁就简的风格,像风一样自由,其核心是悦己。

1954年2月5日,发布会即将开始,香奈儿坐在康朋街31号的镜梯上,点燃一支烟,问她的助手:"他们来了吗?"

"都来了,小姐。"

"好啊,猫在等待老鼠了。"

他们是谁?

时尚杂志的主编,艺术界举足轻重的人物,年轻的媒体记者,服装模特……来自法国各大城市,或者是英国、美国,甚至更远国家的人们。

他们中间,有些人是初出茅庐的年轻记者,善于抽丝剥茧、锦上添花,也善于口诛笔伐、众口铄金,只是尚未见过传说中的可可·香奈儿;有些人是香奈儿的老朋友;有些人则是香奈儿对手的老朋友;有些人被称为"独裁者",掌握着时尚界以及电影圈的风向标、话语权和绝佳资源。

也可以说，他们的喜好，足以决定一场时装发布会是否成功。

发布会倒计时，楼下的椅子都不够坐了。

终于，一切准备就绪。

沉寂十五年，130套服装，香奈儿会以什么颜色打头阵？

第一套样衣上场。黑色，永恒不变的黑色，以及名不见经传的模特，仿佛时光倒流，发布会的氛围又回到了战争前。

可可·香奈儿是江郎才尽，故步自封，还是另一种意义的坚守与革命？

现场没有一个人表露意见。

香奈儿一直没有下楼。镜梯可以让她将楼下的一切尽收眼底。当第10套样衣走完时，她叹了口气："我的名字对于现在的年轻人已经没有任何意义了。"

在稀稀拉拉的略带礼貌性的掌声中，发布会结束了。

模特们排队上楼，宾客们陆续离场。香奈儿转身坐进沙发，疲惫地闭上眼睛，仿佛在等着第二天报纸和杂志的"审判"——极有可能，她忍受着肠胃炎和关节炎的折磨、花费3500万法郎、辛苦筹备几个月的发布会，将是一场彻头彻尾的失败。

皮埃尔·韦特海默也来了。

世界上没有永远的朋友，也没有永远的敌人，只有永远的利益——丘吉尔的话在他们身上应验了。现在，香奈儿又与韦特海默兄弟站在了同一"战线"上，一荣俱荣，一损俱损。韦特海默兄弟用真金白银支持了香奈儿的复出，或许在当时，没有人比他们更期望香奈儿可以成功复出。无论如何，香奈儿的传奇只能由香奈儿创造。而香奈儿的才华与执着，再次为韦特海默兄弟带来永不枯竭的财富。

在香奈儿的工作室，皮埃尔·韦特海默站在一边，看着昔日的时尚女王跪在地上给模特们缝制裙摆，一件一件，直到下班。

回丽兹酒店的路上，香奈儿的声音有些沙哑，但脸上依旧斗志昂扬："皮埃尔，你等着瞧吧，我会继续工作，再次获得成功。"

"你这么想就对了。"

"谢谢你，皮埃尔。"

"亲爱的可可，你不讨厌我就行了。"

"我没有时间讨厌你。"

三十年往事随风拂过，两个人相视一笑泯恩仇。

发布会结束后的第二天清晨，全法国的报纸都在评论香奈儿的时装发布会。

《震旦报》的记者毫不留情："单调的黑色，令人乏味的印花，让人看不到一点明亮和喜悦。模特们没有胸部，没有线条，没有腰身，就像回到了30年代。相信每一位来宾都想感受震撼人心的时尚，而事实上，除了走来走去的模特，没有一个人喝彩，真是令人感伤。"

《战斗报》的专栏作家吕西安·弗朗索瓦写道："是1930年的服装

幽灵回来了吗？自始至终，我只看到一些狂妄自大的黑色身影，大步流星地走向过去的深渊。对于那些平纹布片上镶着花边的破烂衣裳，那些扁平的被车轮碾过一样的衬衣式外套，我无话可说。"

英国《每日快报》的刻薄也不遑多让："香奈儿人生中的一次败笔。表演结束后，大家都不好意思彼此对视，可怜的香奈儿，真为她感到难过。"

还有人写道："香奈儿的模特都是一群呆鹅。"

"香奈儿的那些服装用来打扫办公室倒是个不错的主意。"

"这是我看过的最为凄凉的发布会。何必呢，香奈儿那个老太太。"

…………

看到报纸上的那些所谓的"评判"，香奈儿忍不住笑了。

真是太嫩了。

她可可·香奈儿儿时寄人篱下，也不曾向命运乞怜过，如今又怎么会输不起一场时装发布会？未免太低估康朋街31号的女主人了。而且，她还活着，她的品牌还活着，她的香水正风靡全球，要论成败，为时过早。

乾坤未定，终局未至，岂能轻易低头？

永不服输，正是香奈儿精神之所在。

果然，就在英、法两国媒体对香奈儿进行冷嘲热讽甚至人身攻击时，美国媒体却对香奈儿的发布会大为赞赏。

美国《时尚》杂志和《服饰与美容》都认为香奈儿的回归是一场时尚界的革命，是一次巨大的成功。

和多年前一样，香奈儿的设计依然是大片的直线剪裁，以保证流畅的线条。依然没有衬垫，但可以让行动保持绝对的自由。四个口袋，精致的滚边，纽扣镶嵌山茶花或狮子头像，那些都是香奈儿王国的标志和图腾。依然讲究实用性，每一个纽扣都固执地搭配一个扣眼。用丝绸做衬里，下摆内侧会缝上金属链饰，让外套自然垂坠，即便是坐下来，或者把手举到头顶，也可以保持体面和优雅，不会有任何的不适。裙子遮住膝盖，外套里搭配白色衬衫。看起来的确不是潮流，而是一种在潮流中屹立不倒的香奈儿风格。

美国《时尚》主编是香奈儿的老朋友，在珍贵的3月版面上，杂志为香奈儿刊登了卷首大片，模特玛丽-海伦娜·阿尔诺正是香奈儿新招募的爱将。阿尔诺让美国人民看到了一个年轻版的香奈儿，她头戴一顶水手草帽，身穿海军蓝的泽西针织外套，卷起外套袖口，微微露出里面的白色衬衫，双手插在口袋里，以香奈儿的经典站姿向自由与舒适致敬。

当时美国销量第一的《生活》杂志则为香奈儿留了四个黄金版面，欢迎王者归来："世界最著名香水背后的女士终于登台亮相了，她的影响力早已经渗透了每一个角落。"

很快，美国的订单涌入康朋街，一些客户不远万里来到巴黎，不过是为了一套香奈儿的高级定制。

不仅是服装和香水，美国人对香奈儿设计的一切都表现出了狂热的追捧。

一个被"香奈儿化"的美国：譬如，香奈儿设计的第一批"2.55手袋"一经上市，即被美国人民抢购一空。

其实最开始，她想要制作的不过是一个可以解放双手，又不会弄丢，且不失优雅的手袋。

她告诉皮匠："把手袋从头到尾都缝一遍吧，您得保证它不会散架。"当时的面料也不是皮革，而是一种海军蓝的泽西面料——难道是玛丽娜-海伦·阿尔诺登上美国《时尚》杂志那套衣服的边角料？完全有可能。就这样，世间多了一个菱格纹的称呼。

接着，她又让皮匠在手袋上加上一条金色的链子，如此便可以把手袋背在肩膀上。从此，解放了妇女上街时的双手。

红色的衬里，就像鲜艳的口红，代表女人的热血与激情。香奈儿曾告诉她的模特们，心情低迷的时候，更要涂一点口红，才能占据主动。

手袋的形状是方形，令人想起"香奈儿5号"的瓶身，简洁，大气，实用。香奈儿认为，时尚设计师就应该具备建筑师一般的眼光。

"2.55手袋"风靡至今，俨然成为无法超越的经典。可见，香奈儿不仅眼光独到，而且才华和创造力也永不止息。

就像曾经在威尼斯散心，她厌倦了赤脚走在沙滩上，又不想滚烫的沙子透过皮凉鞋烧到脚掌，于是请鞋匠将一块软木打磨成脚掌的形状，再在上面添加两条细带子固定，便可自由自在地在沙滩上行走。直到十年后，她才在纽约百货公司的橱窗里看到批量销售的软木底鞋。

香奈儿把安装好链条的手袋加入到1955年春季时装系列里，为其取名"2.55"，代表它诞生于1955年2月5日。并一直热销至今，成为香奈儿品牌的经典代表。

这时，法国《时尚》杂志也向香奈儿抛出了橄榄枝。

1956年的1月刊上，香奈儿的最新作品高调亮相。那条黑色的巴里纱裙，线条犹如固态的风，给模特带来黑天鹅一般的冷艳与高贵，让整个巴黎为之倾倒。

法国导演阿兰·雷奈当即表示，一定要邀请香奈儿为自己的电影女主角设计戏服，还要让那些女演员去向香奈儿请教，如何保持自信与优雅。

香奈儿再一次成为电影导演们竞相邀请的设计师。她的顾客遍布全球，从巴黎大剧院到百老汇舞台，从欧洲名流到好莱坞明星，甚至是白宫夫人。杰奎琳·肯尼迪在丈夫竞选总统之前，就曾穿着香奈儿的套装登上了美国《生活》杂志的封面。肯尼迪当选总统后，香奈儿套装便成了许多人眼中旺夫的战袍。只是后来肯尼迪总统遇刺，杰奎琳当天穿的正好也是一套"香奈儿"。那套沾染上总统血渍的香奈儿套装被博物馆收藏，却一丁点儿也没有减损品牌的魅力。再后来，杰奎琳另嫁他人，住在希腊的一座小岛上，依然多次指派私人飞机到巴黎购买香奈儿的产品。

电视台的采访随之而来，声称在香奈儿缺席时尚界的日子里，法国已不知风格为何物，幸而现在，香奈儿带来了一种永不过时的风格。

法国《费加罗报》也不吝溢美之词，表示香奈儿新一季的时装发布会是一次与时俱进的革命，将为女性带来宝贵的独立精神与简洁理念。

接下来是英国《时尚》杂志的锦上添花："世界上对时尚最有影响力的人非可可·香奈儿莫属。是她掀起追崇男士衬衫、宝石袖扣、纪念章、镀金珍珠耳环、布列塔尼水手帽子以及露跟尖鞋的风潮。"

有意思的是曾经讥讽香奈儿复出的《战斗报》专栏作家吕西安·弗朗索瓦，在他的新书《怎样让名字成为品牌》中又对香奈儿极尽赞美，还将样书寄送到康朋街请香奈儿一阅。但香奈儿告诉好朋友马赛尔·海德里希——1959年上任的《嘉人》杂志主编，吕西安·弗朗索瓦的那本书，她连翻都没翻过就扔掉了。

1957年9月，七十四岁的香奈儿获得了尼曼·马库斯时尚杰出贡献奖。

在美国，香奈儿永远是超级巨星。

多年后，《纽约客》记者莉莉安·罗斯依然记忆犹新，声称自己在采访香奈儿时，彻底被对方的魅力折服。

在罗斯的描述里，香奈儿领奖的时候穿了一套白色丝质的套裙，也是出自她亲手设计的作品，身上佩戴的钻石和珍珠把她映衬得容光焕发。她坐在沙发里，自信、从容、优雅，而身体里似乎住着一个二十岁的灵魂，有一种勇敢的青春魅力。

回顾隐退与三年前在法国遇冷的那场发布会，香奈儿告诉罗斯："很多人说我落伍了，跟不上时代了，我只会在心里发笑。很多人渴望看到我的失败，抱歉让他们失望了。当然失败是可怕的，但依然可以绝地反击。没有人可以打败我，除了我自己。"

她们还谈到了抄袭与模仿。毕竟香奈儿的服装已经风靡了大街小巷，并走向了菜市场。

"由他们去吧。"香奈儿说，"没有必要从工人们口中夺食。"

至于那些同行，她认为抄袭者的每一件作品，都充满了对自己的欣赏。

最后，罗斯问香奈儿："您工作中面临的最大挑战是什么？"

"是赋予女性绝对的独立精神，让女性能通过自己的穿着，自在地表达自我，自由地享受生活。"香奈儿若有所思，"这很难，我知道。"

女性的自由之路道阻且长，但进一步自有进一步的意义。

东山再起——香奈儿成功了。

她被尼曼·马库斯称为"20世纪最有影响力的时尚设计师"，也就意味着，她再次登上了时尚女王的宝座，地位再也无人可以撼动。

传奇常驻世人心中

传奇可以提高一个人的声望，但缔造传奇的人本身就是传奇。我不害怕死亡，但我要成为未来的一部分，让传奇永驻世人心中。

香奈儿希望女人的年龄成为永恒的秘密，希望用心灵的状态打败那一串数字，但肉身的机能却不可逆转地在一点点下降，就像漏斗里的细沙不可避免地流泻而下，到了1965年，她已经明显地感觉到身体的病痛越来越多——香奈儿真的老了。

1965年10月，八十二岁高龄的香奈儿在小加布里埃的陪同下，前往瑞士购买墓地。

如果不是要复出工作，香奈儿极有可能会在瑞士安度晚年。她不止一次对小加布里埃说，自己真的很喜欢瑞士，相比法国的现实，美国的热情，瑞士的平静可以带给她安全感。

香奈儿选择的墓地在洛桑，那里湖光温柔，山色明净，松柏蓊郁，让她想起童年时代流连过的墓园。

小加布里埃的丈夫负责为香奈儿设计墓碑。墓穴未来主人的要求是：力求简洁，墓碑上雕刻5头狮子即可。5是她的幸运数字，狮子是她的星座，也是她最为钟爱的图腾之一。她相信狮子可以一如既往地守护她的灵魂。墓碑前立一条白色的石凳，来往路过的人就可以借此坐下来陪她聊聊天。墓穴上方不必放置石头，要种上鲜花，她喜欢所有白色的花。而且，她不想被石头压着——住进去以后，没有石头，她才能感到自由。

听到姑婆那句似是而非的玩笑话，小加布里埃感到一阵难过，她知道那句话意味着什么。

从出生寒微，寄人篱下，到坐拥一个时尚王国，成为欧洲最富有的女人，香奈儿一生都在为自由而战。而当她获得了独立与自由，拥有了财富与名望，才意识到，原来最大的对手是孤独与时间。

八十岁之后，香奈儿即便是生病，也基本不去医院。

但遗憾的是，她用强大的意志抵抗的东西，依然轻易地就可以被时间的车轮碾碎。

她不知道自己还能活多久。安德里安娜、米希亚、柯莱特、威斯敏斯特公爵、艾提安、德米特里大公、皮埃尔·勒韦迪、科克托、维拉·贝特、皮埃尔·韦特海默，丘吉尔……她的亲人、友人、恋人包括仇人，都一个个故去了。那么，死神也随时可能前来召唤她——说不定就是明天呢？

还有，孤独，如影随形的孤独。

香奈儿与小加布里埃关系密切。小加布里埃住在法国郊区的一处庄园里,离康朋街大约一个小时的车程。有时候在周末,香奈儿没有工作的时候,她就会打电话给小加布里埃:"小不点儿,一小时后,我会来你家喝茶。"实际上,她并不喜欢喝茶。她只是喜欢和亲人待在一起的感觉。她把小加布里埃两个儿子的照片放在卡包里,每日随身携带。她对两个小朋友非常宠爱,有求必应。在两个小朋友眼中,香奈儿应该是天底下最慈祥、慷慨的老奶奶。

有一次,在小加布里埃家中,香奈儿感叹道:"小不点儿,最后还是你过得好。你看,你有丈夫,有孩子,有美好的人生,而我,却还是孤身一人。"

但如果时光可以重来,人生可以交换,用她的一生去换小加布里埃的一生,她会愿意吗?

或许,这本来就是世间无法两全的事情。

幸而还有工作。

工作可以为香奈儿抵御孤独。也是工作,带给了她一切。所以,她告诉她的模特们,只要活着,她就不会停止工作。

她说:"我是一只狮子座的小蜜蜂。"

但模特们知道,香奈儿小姐与"小蜜蜂"可一点儿也不搭调,《时代周刊》给予她的称呼才最为贴切——"时尚界的高级女祭司"。

那些年,对于年轻的漂亮女孩们来说,成为香奈儿的模特是一件引以为傲的事情。在香奈儿的模特里,不仅有富家小姐、伯爵夫人，还有公主殿下，以及赋闲在家的王妃们。她们可以在下班的时间穿着香奈儿设计的服装到处闲逛，那是香奈儿赋予她们最大的特权。

在马赛尔·海德里希看来，那些模特都已经将香奈儿视为偶像，对她有一种宗教式的崇拜，要不怎么能忍受一套衣服在自己身上经历多达三十遍的修改呢？

香奈儿有时会给模特们哼一首古老的民谣，让她们知道，精益求精乃最根本的生存之道："丢了一个钉子，坏了一只蹄铁；坏了一只蹄铁，折了一匹战马；折了一匹战马，伤了一位骑士；伤了一位骑士，输了一场战斗；输了一场战斗，亡了一个国家……"

香奈儿经常邀请海德里希到康朋街看她工作，以便为她撰写传记。

于是，我们便在海德里希的书中看到了如此情景："可可伸出瘦骨嶙峋的双手把面料抻得噼啪作响。她把一摞布料摞到另一摞上，两手在上面抹来抹去，就像叠好一块手绢准备拿烙铁熨平似的。所有这些动作都是在一个模特身上做的，模特一动不敢动，两眼茫然，眼神让我想起了一动不动等着被钉掌的马……"

工作的时候，香奈儿的脖子上总会挂着一把剪刀，那剪刀被她使用得锋利而锃亮，就像女祭司手中的权杖。

工作时的香奈儿是权力的化身，身体里充满了生机与活力。

但每当夜幕降临，员工们下班的时候，她就仿佛从呼风唤雨的女王变成了一位孤独的老太太。看着窗外的天色，她只能把脖子上的剪刀狠狠甩向远方,像是受到了某种侮辱一样,恶狠狠地宣布下班。

接着,人去楼空,最后一盏灯被熄灭,潮水一般的夜色涌入寓所。

海德里希记得,他第一次进入香奈儿的寓所时,疑心自己来到了阿里巴巴的山洞,里面到处都是黄金和水晶以及各种价值连城的艺术品。那个时候的香奈儿正处于巅峰上的巅峰,她把手放在一块陨石上,声称那是一块数千年前坠落在蒙古高原的天外来物。海德里希注意到她的手就像是一双苦行僧的手,指节突出,沧桑,粗糙,密布针眼的痕迹。她目光锐利,紧紧盯住一个人时,会令人感觉是一枚大头钉死死钉住了一只可怜的昆虫。她站在乌木漆面屏风下,上面是庄严肃穆的中国汉字和旖旎的山川花朵,手下是神秘的陨石,就像是一位女祭司站在生死之门的入口。

时间流逝着。她越来越年迈,一个人坐在乌木漆面屏风下时,一言不发,麂皮沙发里瘦削的身体,就像是一个孤独的剪影。

无边无际的孤独到来了。

香奈儿还告诉海德里希,曾经有一位占星学家告诉她,她是狮子座,狮子座的人勤劳、勇敢、忠诚、不服输,如果一个男人自身不够强大,是无法与她生活在一起的。但如果对方太过强大,她又无法和对方生活在一起。

"一切卓越都将以孤独为前提,它迫使你去选择友情与人际关系。"

她的卓越与孤独,就是她的命运。

狮子，也是天生的王者。王者只有一个。一个，总是孤独的。

香奈儿依旧每天去丽兹酒店过夜。

除了风湿与关节炎，她的梦游症也越来越严重了。她总是频繁地梦见自己的父亲。有时候，她会在梦中把自己的衣服剪碎，顺便把自己弄得伤痕累累；有时候，她梦游到酒店的楼道上，说要等待她的父亲来找她。

她的父亲不是在她童年时期就远走他乡了吗？他的美国淘金梦实现了没有？

香奈儿告诉海德里希，几年前去美国领奖时，她曾经在火车上看到过一个大烟囱，烟囱上写着大大的"香奈儿"，她在内心尖叫起来，那是父亲的工厂吗？！但火车一路向前，工厂很快消失不见。

晚年的香奈儿不愿意看医生，认为有失体面，但在亲近的人面前，她不得不袒露自己的脆弱。

她请管家弗朗索瓦·格朗巴克和仆人席琳把自己绑起来，以防在梦中走失，再也等不到父亲。

他们只能把床摇到靠近地板的位置，以防年迈的小姐在睡梦中跌落。

小姐还告诉他们，如果她突然在巴黎过世，就请他们把她带到瑞士安葬。路上有人问起来，就说："这是香奈儿小姐，她只是睡着了。"

香奈儿人生的最后几年，弗朗索瓦和席琳一直陪在她的身边。

他们知道，白天的香奈儿和晚上的香奈儿是截然不同的两个人。

每当黑夜降临,伟大的小姐就仿佛被施了诅咒一般,变成了无助的小女孩。黑夜是她的噩梦,她是一个用一生治愈童年的人,每晚都需要依靠药物才能入睡。而入睡前,她都像是在死亡的边缘徘徊,于她而言,睡觉就是一场微小的死亡。

在最后的时光里,香奈儿越来越信任弗朗索瓦。

弗朗索瓦比香奈儿年轻三十岁,但还是有流言传到丽兹酒店,说香奈儿与她的管家在谈恋爱。

香奈儿不屑地笑了。

她和海德里希谈起外面有关她的八卦:"和管家谈恋爱?我现在可只有一个管家。弗朗索瓦是个好打交道的人,要是我遇到的人都跟他一样,那就轻松多了!传闻什么的无所谓,还有人说我是老同性恋呢!"

她每天和那些年轻漂亮的模特待在一起,设计服装全部都是在她们身上完成的,的确会让某些人想象力泛滥。

在海德里希眼里,弗朗索瓦来自农村,纯朴亲切,是一个善解人意、心灵手巧的人,把香奈儿照顾得无微不至。香奈儿把保险柜钥匙都交给他保管了。他向香奈儿借钱买车,香奈儿从未想过要他还。香奈儿还教他阅读名著和设计珠宝首饰。

在香奈儿的调教下,弗朗索瓦果然成了一名出色的首饰匠。有一天,香奈儿很开心地告诉海德里希,由弗朗索瓦打理的首饰业务,营销额已经在增长了。

富得流油的可可·香奈儿真的在乎那点增长的首饰业务营业额吗?

她真正感到开心的,不过是自己慧眼识珠、点石成金的能力。可不是每一位时尚设计师都有将目不识丁的农村人打造成珠宝工匠的本事。

而她,依然宝刀未老,无往不利。

在不曾走进她生命夜晚的人看来,可可·香奈儿不仅是一名伟大的时尚设计师,而且,还拥有金刚不坏之身。

年过八旬,她依旧每天披甲上阵,不知疲倦地准备着一场又一场的发布会。

为了赚钱?她年事已高,每天兢兢业业地工作,钱要花到哪里去?况且她赚的钱,估计下辈子都花不完。

为了声誉?她功成名就,已经是爱舍丽宫的座上宾。新上任的蓬皮杜总统邀请她共进晚餐,并向她表示:"只要我夫人穿的是您设计的衣服,我就特别放心。"

她的名字,将与戴高乐、毕加索一起成为法兰西的代名词,被世人传颂……

或许,老骥伏枥,志在千里,她是志在成为传奇,以及永远的传奇。

1969年12月,香奈儿的人生又被搬上了百老汇舞台,由凯瑟琳·赫本演绎。

其实早在多年前，百老汇制作人弗雷德里克·布里松就想把香奈儿的故事变成音乐剧，只是香奈儿一直没有答应。后来布里松派遣艺术大家塞西尔·比顿出马，押上大获成功的《窈窕淑女》的制作班底，又邀请好莱坞最伟大的女演员凯瑟琳·赫本担任主演，香奈儿才同意签下合约。

其间，凯瑟琳·赫本还专门飞到康朋街拜访香奈儿，深入香奈儿的生活与工作。她们在差不多四十年前曾有过一面之缘。香奈儿对凯瑟琳·赫本身上的"大兵气质"感到很是亲切。两位伟大的女士也的确有着难得的相似之处，譬如对工作鞠躬尽瘁，又如个性独立、崇尚自由，意志力顽强，再如都不是艳丽的美人，却优雅、果敢、聪慧、充满了女性的魅力……

所谓的"大兵气质"，也并非对女性气质的剥离，这显然不是香奈儿的初衷。从设计第一件作品，立志解放女性身体开始，香奈儿所有设计的产品，无不是自己的精神容器，替"香奈儿理念"发声，她想要的，是女人可以将自我价值发挥到极致，与男性自信并肩，活出自我的强大的信念。而经济独立，精神自由，正是对优雅最好的诠释。

音乐剧最后定名为《可可》，从初次征战巴黎，到七十一岁东山再起，观众也将看到，香奈儿是如何追逐自由，实现独立的。当凯瑟琳·赫本戴着礼帽，自信地说出"在这里，什么都可以降价，除了我"时，台下掌声雷鸣。

百老汇舞台上还专门设置了一架康朋街31号那样的旋转镜梯。在香奈儿的要求下，那些舞台上的演员全都穿上了她设计的香奈儿套装。"这样可以增加演员们的自信。"香奈儿说。

果然，《可可》演出329场，每一场都一票难求。

不过让香奈儿略感遗憾的是，她本来答应出席《可可》的首演，算是报答美国人民对她的热情，但由于右手突发神经麻痹，只能住院进行治疗。

她确实老了。不时有传言说她命不久矣。一些八卦报纸甚至已经急不可耐地想好了"本世纪最伟大的时尚设计师可可·香奈儿女士与世长辞"的标题。

但三个月后，她又拿起了剪刀，来到了康朋街，开始筹备下一场时装发布会。

1971年1月9日，星期六，八十八岁的香奈儿依然在康朋街加班。

春季时装发布会定在2月5日举行，时间已不足一个月，她和她手中的剪刀，每一分每一秒，都在跟时间赛跑。

1月10日，香奈儿不得不停下来休息。她的员工、她的模特都需要与家人共度周末。她没有家人，却也没有办法对着图纸设计作品，而且，那些员工的带薪假期，正是35年前200万工人共同争取的权利。

次日，香奈儿约了克劳德·德雷与她共进午餐。

德雷是一位年轻的心理医生，也是香奈儿晚年的好朋友之一。

德雷记得，她去丽兹酒店找香奈儿的时候，香奈儿正在一丝不苟地化妆，仔细地涂抹口红，描绘眉毛，挑选心爱的首饰，喷洒"香奈儿5号"，就像平时上班前一样，把自己打扮得优雅、体面。

接着，她们到楼下餐厅找了一个隐蔽的座位吃午饭，慢慢聊天，等客人全部散去之后才离去。

那天下午，她们乘车前往香榭丽舍大街，一路穿过巴黎的大街小巷，就像穿过一座往事的迷宫，香奈儿回忆了许多从前的旧事，譬如在哪里与卡柏男孩争吵，在哪里第一次参加名流们的舞会，在哪里试驾她的劳斯莱斯……德雷是她忠实的听众。

天气寒冷，太阳隐匿在薄雾中，街上的人群步履匆匆。香奈儿戴上墨镜，告诉德雷："我讨厌夕阳，它让我想起离别的时光。"

随后，夕阳西下，暮色降临，汽车将她们带回丽兹酒店，德雷挥手向香奈儿告别。就像平时的告别那样，德雷在车上目送香奈儿转瞬消失于酒店大门。

那一天，香奈儿到了大门口，却转身大声告诉德雷："明天，我又可以去康朋街工作了！"

德雷知道，香奈儿进入六楼套房之后，也会像平时下班后那样，点一支烟，坐在窗口，沉默地看着楼下的花园、远处的森林，还有鸥鸟盘旋的塞纳河……没有人知道她在想些什么。

然而当夜巴黎明月将满，香奈儿却感觉累极了。仿佛有一股力量，要将她的身体抽空。

她告诉女仆席琳，她从未感觉那么疲惫过，她实在太累了，必须要休息一会儿。

大约在晚上8点钟,香奈儿突然呼唤席琳,说自己的腹部着火了,疼痛像巨浪袭来,她感觉要窒息。

席琳赶紧为她注射一支吗啡,然后打电话向医生求救。

但就在医生赶来的途中,香奈儿已经永远闭上了双眼。

临终前,她在席琳耳边喃喃细语,脸上是风浪过后的平静:"原来,这就是死亡的感觉。"

第二天,"本世纪最伟大的时尚设计师可可·香奈儿女士与世长辞"的新闻稿终于派上了用场。

全世界的报纸都在报道一个女人的传奇。

全世界的人都会记住一个女人的传奇。

她的名字,将成为一种风格,在时光中屹立不朽。

她的精神,将成为明灯,指引在生活中迷途的人。

"传奇可以提高一个人的声望,但缔造传奇的人本身就是传奇。我不害怕死亡,但我要成为未来的一部分,让传奇长留世人心中。"

——放眼香奈儿的人生,这句话,她已经全部做到了。

附录：可可·香奈儿的时尚之路

- **1910年**
  康朋街21号，香奈儿的起点。

- **1913年**
  多维尔的新店开张。

- **1914年**
  引入泽西面料，开启运动时尚系列。

- **1915年**
  比亚里茨的时装公司正式营业。
  "每个女人都应该拥有几套香奈儿设计的服装。"

- **1919年**
  "双C"标识——"Coco and Capel"。

- **1921年**
  "香奈儿5号"发售。

- **1926年**
  "小黑裙"问世。时尚易逝，风格永存。

1932年
设计"钻石珠宝"展览。
"香奈儿把那些钻石变成了举世罕见的珍品。"

1933年
"纯真的白缎子时代"走向巅峰。
"康朋街的白色为巴黎注入了青春的活力。"

1939年
巴黎春季时装秀——红、白、蓝三色服装。

1954年
香奈儿的回归新品发布会。

1955年
"2.55手袋"诞生。
从此,世间多了一个"菱格纹"的称呼。

1957年
获得尼曼·马库斯时尚杰出贡献奖。

在喧嚣的世界里，
坚持以匠人心态认认真真打磨每一本书，
坚持为读者提供
有用、有趣、有品位、有价值的阅读。
愿我们在阅读中相知相遇，在阅读中成长蜕变！

好读，只为优质阅读。

可可·香奈儿：我没有时间讨厌你

策划出品：好读文化	监　　制：姚常伟
责任编辑：高霁月	产品经理：罗　元　王　戬
装帧设计：末末美书	营销编辑：陈可心
内文排版：鸣阅空间	

图书在版编目（CIP）数据

可可·香奈儿：我没时间讨厌你 / 艾略著. -- 北京：北京联合出版公司, 2024.3（2025.7重印）
ISBN 978-7-5596-7391-6

Ⅰ.①可… Ⅱ.①艾… Ⅲ.①夏内尔（Chanel, Gabrielle 1883-1971）—传记 Ⅳ.①K835.655.7

中国国家版本馆CIP数据核字（2024）第036901号

可可·香奈儿：我没时间讨厌你

作　　者：艾　略
出 品 人：赵红仕
责任编辑：高霁月
封面设计：末末美书

北京联合出版公司出版
（北京市西城区德外大街83号楼9层　100088）
北京联合天畅文化传播公司发行
北京美图印务有限公司印刷　新华书店经销
字数199千字　840毫米×1194毫米　1／32　9.75印张
2024年3月第1版　2025年7月第6次印刷
ISBN 978-7-5596-7391-6
定价：56.00元

版权所有，侵权必究
未经书面许可，不得以任何方式转载、复制、翻印本书部分或全部内容。
本书若有质量问题，请与本公司图书销售中心联系调换。
电话：010-64258472-800